Desvelando el Corán

MANUEL FERNÁNDEZ MUÑOZ

Desvelando el Corán

Un análisis crítico del libro sagrado del islam

ALMUZARA

Primera edición: junio de 2020

Editorial Almuzara • Colección Espiritualidad

Director editorial: Antonio Cuesta
Edición de Ana Cabello
Corrección de Rebeca Rueda

www.editorialalmuzara.com
pedidos@almuzaralibros.com - info@almuzaralibros.com
@AlmuzaraLibros

Imprime: Coria Artes Gráficas
ISBN: 978-84-18089-36-7
Depósito Legal: CO-585-2020
Hecho e impreso en España - *Made and printed in Spain*

Si tu Dios te pide sacrificios y penitencias, no es Dios, sino un sádico. Si tu Dios te pide ayunos y dietas, no es Dios, sino un nutricionista. Si tu Dios guarda silencio ante cualquier injusticia, no es Dios, sino un cómplice de los malvados. Si tu Dios te amenaza con el fuego del infierno a menos que cumplas todos sus mandamientos, no es Dios, sino un dictador. Si tu Dios necesita que le supliquen de rodillas y que le imploren con lloros y lamentos, no es Dios, sino un egocéntrico. Si tu Dios necesita que le pidas mil veces perdón, no es Dios, sino un rencoroso. Si tu Dios necesita que le repitas siempre las mismas oraciones, no es Dios, sino un sordo. Si tu Dios te hizo incompleto, no es Dios, sino un mal ingeniero. Si tu Dios es varón y cree que las mujeres están por debajo del hombre, no es Dios, sino un machista. Si tu Dios permite que se quemen herejes, que se asesine en su nombre y que se llame a la guerra santa, no es Dios, sino un general de los ejércitos. Si tu Dios consiente que unos despilfarren mientras otros mueren de hambre, no es Dios, sino un injusto. Si tu Dios es el Dios de un solo pueblo, de un solo país, de una sola raza o de una sola religión, no es Dios, sino un sectario. Si tu Dios necesita un libro o un sacerdote para comunicarse contigo, no es Dios, sino el redactor jefe de un medio de comunicación. Si tu Dios solo ama a los que le aman, no es Dios, sino un interesado. Si tu Dios te pide el diezmo de tus ganancias, no es Dios, sino un recaudador de impuestos. Si tu Dios no es capaz de inspirarte para que seas mejor persona, no es Dios, sino un ídolo falso. No me hables de tu Dios, no lo necesito. Puedo ver fácilmente a tu Dios reflejado en ti, en tus actos y en tus palabras.

Índice

Iniciación al profetismo

«En el Nombre de Dios,
el más Clemente, el más Misericordioso».

Desde los albores de la humanidad, el hombre ha tratado de contactar con esa fuerza creadora que todo lo sustenta y que, presuponemos, es la base y el origen de nuestra existencia. Movidos por un anhelo interior, muchos han buscado la soledad en las dunas del desierto, en la cima de alguna montaña nevada, en lo más profundo del bosque e incluso en la intimidad de alguna cueva, donde tal vez la quietud y la calma favorecieran el viaje del alma hacia el palacio donde tiene su asiento el hacedor de almas. Dando la vuelta a los sentidos, muchos se atrevieron a encender la mirada interior, a degustar el alimento del espíritu, a aquietar su propia respiración, a escuchar con el oído interno, a tocar con el alma y a vivir el instante. Sin embargo, después de asomarse a los abismos de su ser, cuando regresaron, no fueron los mismos, ya que la visión de la Eternidad necesariamente tuvo que dejar una huella indeleble en sus conciencias, haciéndolos también eternos. A partir de ese momento, la Eternidad acariciaba con sus manos, miraba con sus ojos y hablaba por sus bocas. La proximidad y la cercanía con el mar hizo que el ser humano se reconociera como una gota en el océano de la existencia, una gota que empero también era el mar.

No obstante, cuando el peregrino regresó a su patria, como Prometeo, trajo consigo el fuego que le había robado a los dioses; una luz que debería haber prendido los corazones de sus semejantes, invitándolos a iniciar su viaje hacia el monte Olimpo para vivir su propia experiencia personal, pues solo a través de la experiencia de la verdad, uno puede reconocer la verdad allá donde se encuentre. Con todo, los nuevos prometeos no entendieron que quien no conoce la Eternidad no puede comprender su lenguaje; por tanto, cada vez que ellos señalaban la luna, los seres humanos mirábamos el dedo. Y es por eso que la verdad quedó difuminada entre el lenguaje y la palabra, que no dejaban de ser instrumentos para describir una experiencia que, paradójicamente, no podía ser descrita. Y fue así como los hombres confundimos las palabras con la verdad, de la misma manera que confundimos el dedo con la luna.

> Dios es la vida de todo cuanto vive, es la luz de todo lo que ilumina, es el aliento de todo cuanto respira, es la existencia de todo cuanto existe, es el amor de todos cuantos aman. Dios es la misericordia de todo misericordioso, la bondad de todo bondadoso, la sabiduría de todo sabio, la verdad de todos los sinceros y la fuerza de todos los guerreros. Dios es la calma que queda después de la tormenta; y también la tormenta. Son los dolores de parto y las risas después del nacimiento. Es el silencio en el desierto y el rugido del mar. Es el ímpetu de la juventud y la paciencia de la ancianidad. Dios es todo lo que imaginas e incluso lo que no puedes imaginar. (*La Taberna del Derviche*)

La figura del chamán —léase hombre o mujer que podía entablar algún tipo de comunicación con el mundo sobrenatural— estuvo presente en la mayor parte de las culturas antiguas. Para la mitología griega, las sibilas eran profetisas que el dios Apolo utilizaba para comunicarse con el reino de los hombres, sobre todo en su oráculo de Delfos. En ocasiones, a estos personajes se les atribuía algún tipo de ascendencia divina, como a la sibila de Cumas e incluso al druida Merlín de la saga artúrica, lo cual ofrecía una explicación coherente para que sus conciudadanos aceptasen de buen grado sus dotes sobrenaturales.

En la religión nórdica será una Volva —vidente— quien relate al propio Odín tanto el principio de la creación como el final de la misma. En algún punto del poema, llamado «Voluspá», la profetisa le confesará al Padre de los Dioses del norte que estaba al tanto incluso de cómo había perdido uno de sus ojos para conseguir alcanzar el secreto de las runas. A cada estrofa, la Volva le irá preguntando si desea saber más, hasta que finalmente acabe narrándole su propia muerte bajo las fauces del lobo Fenrir, hijo de Loki, lo que propiciará el comienzo de una nueva creación.

La experiencia directa del ser humano con lo sagrado ha llegado incluso a cambiar el curso de la historia. Según la estela hallada entre las patas de la Esfinge de Gizah, mientras el faraón Thutmosis IV descansaba bajo la sombra de su cabeza, ella se le apareció en sueños y le prometió que, si la liberaba de las arenas del desierto, a cambio le concedería el trono..., como así fue. La biografía de Sargón I, fundador del Imperio acadio —un texto neoasirio perteneciente al siglo VII a. C.—, recoge que la diosa Ishtar se presentó ante el monarca para concederle el favor de reinar a cambio de la instauración de su culto en todos los territorios de su feudo. Y no podríamos pasar por alto el encuentro que el faraón Amenofis IV tuvo con el dios Atón en el desierto, por el cual decidirá derrocar el anterior culto a Amón en todo Egipto. A partir de su teofanía con el disco solar, el soberano cambiará su nombre por el de Akhenatón, prohibirá la adoración de otros dioses y sustituirá su capital por Amarna, un lugar a medio camino entre Tebas y Memphis. Sin embargo, tras la muerte del faraón hereje, su sucesor, Tutankamón, restaurará el culto a Amón en el país de los faraones y los antiguos sacerdotes intentarán aniquilar de la memoria colectiva cualquier rastro del monarca anterior, borrando para ello su nombre de las mamposterías de los palacios —lo que más tarde se conocerá como *damnatio memoriae*—, pero sobre todo destruyendo cada uno de los templos dedicados a Atón.

Veremos también reminiscencias de esa práctica en la tradición hebrea, como se deduce del libro de Isaías 14; 20, el cual asegura que «la descendencia de los malvados jamás será nombrada». Por esta razón, el Evangelio de Mateo omite a los tres herederos del rey Acab: Ocosías, Joás y Amasías, los cuales se consideraban malditos por haber devuelto el reino al paganismo.

Tras la muerte de Akhenatón, Amarna será demolida y las piedras de sus edificios se reutilizarán para levantar otras ciudades. No obstante, en el templo de Karnak todavía podemos admirar restos de lo que pudo haber sido la primera capilla personal del faraón apóstata —llamada Gempaatón—, la cual carecería de techo para que el sol pudiera tocar con sus rayos las ofrendas que se le brindaban sobre los altares de piedra.

En 1850 una excavación en Iraq sacará a la luz la biblioteca del rey Asurbanipal, expuesta hoy en el British Museum, con más de doscientas cincuenta mil tablillas que hacían referencia a temas tan dispares como la economía de la cultura acadia, su administración del Estado, su política, e incluso a la creación de la humanidad y a las numerosas gestas de sus héroes mitológicos. Un estudio exhaustivo de las mismas revelará que la teología veterotestamentaria dimana directamente de las leyendas acadias, sumerias y babilónicas, donde, recordemos, el pueblo de Israel estuvo preso, y donde los sacerdotes supervivientes volvieron a repensar la historia de sus antepasados. De hecho, el patriarca Noé sería en realidad el rey Ziusudra. Según el texto original, debido a la desobediencia de los hombres para con los dioses, y a las constantes trifulcas entre los diferentes pueblos, los dioses decidirán destruir completamente la vida en la tierra. No obstante, Enki, el dios creador, pedirá al rey Ziusudra que construya una embarcación y que monte en ella a una pareja de animales de cada especie hasta que pase el diluvio, salvando así no solo la semilla de la humanidad, sino también la de todos los seres que después poblarán el planeta. El relato pasará de generación en generación, cambiando el nombre de los dioses y el de sus representantes, quedando sin embargo intacto el cuerpo del mismo, el cual se ha conservado en el manuscrito de Atrahasis, datado en el 1650 a. C., así como en el poema de Gilgamesh, del 1740 a. C.

Imitando el código de justicia de Hammurabi, Moisés hará lo propio para el pueblo hebreo, descendiendo del monte Horeb con dos tablas de piedra en las cuales el dios de los madianitas, Yahvé, habría escrito diez mandamientos como punto de partida para establecer una nueva alianza con los descendientes de Abraham. A estos diez mandamientos les seguirán otros seiscientos trece que el judaísmo cifrará en la Torah —los cinco primeros libros del Antiguo Testamento—, de los cuales doscientos cuarenta y ocho serán obligaciones mientras que trescientos sesenta y cinco serán prohibiciones.

Con Moisés nacerá la religión judaica, que si bien pudo haber tenido su origen en el exilio del patriarca Abraham de Ur de caldea —actual Saliurfa, en Turquía—, no será hasta que el príncipe de Egipto tenga un encuentro cara a cara con el dios de su pueblo cuando realmente el nuevo culto quede bien organizado y con el símbolo de la presencia de Yahvé, el Arca de la Alianza, puesta a buen recaudo bajo las lonas del tabernáculo. A pesar de que la cosmovisión hebrea no dejaba de ser una sincretización de los cultos egipcios, babilónicos y cananeos, será la primera vez que tengamos noticias de un dios sin forma, e incluso sin nombre, el cual, empero, reclamará para sí la única existencia: «Yo soy».

Mientras en la tierra proliferaba tanto el politeísmo como el animismo, la revelación de Moisés completará la visión de Abraham, el cual dejó de adorar al sol, a la luna, a los astros y a los ídolos caldeos, para buscar la comunión con una divinidad extraña y desconocida que, por aquel entonces, respondía al nombre de EL. Empero, aquella deidad seguirá necesitando sacrificios de sangre para alimentarse. Sangre que debía desparramarse por encima de las lonas del tabernáculo para calmar su ira.

Puesto que el ser humano había frustrado el plan divino, se supuso que la oración no era suficiente para satisfacer la sed de venganza de la divinidad, por lo que se dio preeminencia a los sacrificios, así como al estricto cumplimiento de la ley, la cual tenía como finalidad acercar a la tierra a una divinidad que, por la transgresión de Adán y Eva, se había distanciado de los hombres. El castigo por aquella falta original será la muerte y el sufrimiento para la raza humana.

Con el Arca, los hebreos labrarán otros tantos instrumentos más para celebrar el culto yahvista/eloísta, como el altar de los inciensos, la mesa de los panes de la proposición y el candelabro de siete brazos, o Menorah. Estando Josué a la cabeza, los israelitas conquistarán Canaán y se establecerán primero en Silo hasta que David haga de Jerusalén la capital de su reino, unificando a las doce tribus hebreas y encargando a su hijo Salomón que construya el primer templo dedicado al único dios verdadero. Con el correr de los siglos, Yahvé otorgará cada vez más poder a sus profetas, los cuales no se cansarán de recriminar, tanto a los reyes como al mismísimo pueblo de Israel, su infidelidad para con la religión de sus ancestros, yendo constantemente detrás de ídolos paganos como Baal y Astarté, a los cuales se les rendirá pleitesía junto con Yahvé en el templo de Salomón.

Siglo a siglo, la religión hebrea irá perfilándose como el único culto monoteísta sobre la tierra hasta la llegada del cristianismo. Con la teofanía de Jesús en el Jordán, la imagen de Yahvé dará un giro de ciento ochenta grados y el mundo volverá a cambiar. Antes de meterse en el río, Jesús era el hijo de José, un carpintero de Nazaret, y de una joven doncella llamada María. No obstante, al salir de las aguas, dijo haber visto los cielos abiertos y al espíritu de Dios descendiendo sobre él en forma de paloma, escuchando además una voz que dijo: «Este es mi hijo amado, en él me complazco» (Mateo 3; 17). Prometeo se asomaba de nuevo al reino de los cielos para traer a los seres humanos noticias de un dios que dejaba de estar enfadado, lejano y altivo, para convertirse en el Padre no solo de un hombre, sino de toda la humanidad.

El judaísmo de Jesús, a través de su propia experiencia de Dios, comenzó a trascender las formas, otorgándole un sentido que iba más allá de las letras de la Torah. Él sintió en el alma la llamada de un dios cercano. Un padre que buscaba en los caminos acompañar al pobre y al vagabundo, los cuales eran sus verdaderos hijos. El profeta Zacarías había anunciado que Dios tenía dos varas con las que pastoreaba a sus súbditos: una llamada Ley y otra Gracia. Por la dura cerviz de su rebaño, en la época de Moisés decidió romper la vara de la Gracia para que el pueblo se guiara solo por la de la Ley. Pero será Jeremías (34:23) quien revele al mundo que el pastor que Dios enviará a su pueblo para restaurar la vara de la Gracia, basada en el amor, no sería otro que el Mesías. En este sentido, Jesús pondrá más énfasis en la oración que en los sacrificios, interpretando las leyes a su forma para que, en lugar de ser una carga, fuesen una liberación; lo que paradójicamente contrastará con su propio sacrificio.

Con la muerte de Jesús surgirán dos movimientos: el de sus seguidores —los apóstoles y discípulos más cercanos—, llamados judíos nazarenos (Hechos de los Apóstoles 24; 5); y el de los cristianos de Antioquía, que emergerán entre los años 40 y 55 d. C. debido sobre todo a las prédicas de san Pablo y san Bernabé entre los paganos (Hechos 11:26); los cuales, aunque se negarán a adoptar el judaísmo, creerán a pie juntillas que Jesús era el redentor de la humanidad debido al supuesto encuentro que Pablo dijo haber tenido con Cristo resucitado camino de Damasco. Aquel encuentro sobrenatural, ahora llamado cristofanía, dará otro vuelco a la teología mundial y volverá a poner los sacrificios en el punto de mira de un dios que, para perdonar a la raza humana, necesitó que martirizasen y asesinasen a su propio hijo.

> Oh, Señor, tú eres el misericordioso y la misericordia es clemencia. Entonces, ¿por qué el primer pecador fue echado del Paraíso Terrenal? Si me perdonas porque te obedezco, en ello no hay misericordia. La misericordia existiría si me perdonases siendo como soy, un pecador. (Omar Khayyam)

El día del Yom Kippur, los sacerdotes judíos tenían por costumbre escoger dos corderos para el sacrificio. Uno de ellos era inmolado en el templo, cargando sobre su cuerpo los pecados de toda la nación hebrea, mientras otro era liberado en el desierto para que quedase en manos de Azazel. Según Pablo, Jesús habría sido el cordero pascual que Dios eligió para perdonar, no solamente los pecados del pueblo de Israel, sino de toda la raza humana. A semejanza del mito de Dionisos, los cristianos que comieran de su carne y bebieran de su sangre quedarían libres del pecado y de la muerte.

En muchas ocasiones, el personaje que Pablo predicó era más afín a los cultos mistéricos de Mitra y Dionisos que a la realidad de un hombre llamado Yeshúa que habría vivido en la Judea ocupada por el Imperio romano, y que se consideró, y fue considerado por muchos, el mesías de Israel.

El tarseño no solo despojó a los cristianos de todo interés por el judaísmo, también privó a Jesús de su identidad como judío, creando un héroe llamado Jesucristo acorde a lo que los paganos estuvieron dispuestos a aceptar. Así, en el siglo I encontramos tres movimientos distintos que, aunque tuvieron una misma raíz, no hicieron nada más que enfrentarse entre sí; el judaísmo clásico, los judíos nazarenos y la secta de los cristianos. Numerosos historiadores como Táctico, Celso y Plinio el Joven confundieron los tres grupos, acusándolos a todos de revueltas contra las autoridades romanas.

En el año 70 d. C., los judíos jerosolimitanos se levantarán contra Roma, por lo que la ciudad será arrasada hasta sus cimientos. A partir de ese momento, el sanedrín, por motivos de seguridad, irá cambiando de lugar constantemente. El líder hebreo Simón Bar Kojba, algunos años más tarde, se enfrentará contra el emperador Publio Elio Adriano, quien había ordenado abolir la religión mosaica de los territorios del otrora reino israelita. Bar Kojba derrotará a la X Legión Romana y hará retroceder a la XXII, que subió de Egipto para dar apoyo a las milicias asentadas en la Ciudad de David. Durante casi tres años, Israel vivió su sueño independentista con Bar Kojba instalado en el poder y con Rabbí Akiva liderando el sanedrín. Pero Adriano no se dará por vencido y llamará al general Sexto Julio Severo, el cual entrará en Israel con un ejército infinitamente más numeroso que el que condujera el emperador Tito cincuenta años antes. Bar Kojba, tras perder Jerusalén, se retirará a Betar, donde una última carga de las legiones romanas acabará con su vida. Henchido de victoria, Adriano se volverá con todas sus fuerzas contra lo que quedaba del judaísmo, prohibiendo la Torah, asesinando a multitud de rabinos y exiliando de Israel a todos los descendientes de la casa de Jacob.

A partir de esta diáspora, el judaísmo necesitará una nueva revisión de su religión para adaptarla a los diferentes lugares y diferentes tiempos en los que las comunidades hebreas se irán repartiendo y asentando. Durante los primeros cuatro o cinco siglos tras la destrucción de Jerusalén se desarrollará un nuevo canon, ya no basado en los sacrificios, sino en las plegarias, en los comentarios de la Torah, en la celebración de las fiestas y en la familia como centro principal para la conservación de la esencia de las tradiciones de Moisés. Un nuevo judaísmo, empero, que habría resultado extraño para cualquier habitante de Judea del siglo primero. Producto de esta reforma nacería el *Talmud* en sus dos versiones, el de Jerusalén y el de Babilonia, con pequeñas diferencias entre uno y otro sobre todo en la forma de exposición de sus comentarios.

Con el exilio de Israel, los judíos nazarenos —es decir, los auténticos seguidores de Jesús el Nazoreo— desaparecerán de la faz de la tierra, medrando por otro lado la secta de los cristianos que, si bien durante los tres primeros siglos de su existencia serían cruelmente perseguidos por las autoridades romanas, en el año 325 d. C. el emperador Constantino dará un vuelco a esta situación. De nuevo otra revelación divina volverá a cambiar el curso de la historia. Constantino, que estaba enfrentado con el emperador Majencio por el trono de Roma, cierta tarde afirmó haber visto una cruz descendiendo del cielo y poniéndose frente al sol. Tras aquella epifanía, ordenará grabar el Crismón —antiguo símbolo cristiano consistente en las dos primeras letras en griego de la palabra *Khristós*— en los escudos de su milicia, así como en sus banderas y estandartes, ganando de esa manera la batalla del Puente Milvio. El nuevo emperador, educado en el culto al Sol Invictus, creyó a pie juntillas que Jesús era en realidad el dios Sol, por lo que a partir de aquel momento se dedicó a sincretizar la religión romana con el cristianismo.

El deseo de Constantino de imponer una sola religión en su imperio pasará factura a los diferentes grupos cristianos que medraron a lo largo y ancho del Mediterráneo, como los arrianos y los gnósticos, cada cual con su propia interpretación del mensaje de Jesús de Nazaret, los cuales acabarán siendo absorbidos por el catolicismo, el grupo más numeroso y violento que arribó al Concilio de Nicea, donde se unificará un único credo común. Una nueva ideología que hará cada vez más guiños a las tradiciones romanas, anexionándose la mayoría de ellas para agradar a los patricios.

Con la partición del cristianismo de sus raíces semíticas, los profetas irán teniendo cada vez menos importancia. Si bien la tradición mosaica afirmaba que, cuando un profeta hablaba, incluso los reyes debían callar y escuchar, el catolicismo los relegará a un segundo plano, considerándolos poco más que pobres iluminados, sobre todo a partir del siglo II, cuando aparecerá en escena la figura del autoproclamado profeta Montano. Aunque hasta esa fecha la cristiandad todavía no estaba confederada y se permitía profetizar en las iglesias a quien fuera que se sintiese imbuido por el Espíritu Santo, el montanismo se destacará por anunciar una nueva era espiritual y un perfeccionamiento en el mensaje de Jesús, llevando hasta el extremo sus prácticas ascéticas y sus reglas morales.

Seguido de cerca por otras dos supuestas profetisas, Priscila y Maximila, Montano, anteriormente sacerdote de la diosa Cibeles, después de su bautismo, comenzará a creerse el paráclito anunciado por Jesús en los evangelios, pregonando la inminente llegada del final de los tiempos que antecedería al juicio celestial y a la parusía de Cristo. Todas sus excentricidades serían acogidas con curiosidad por un sinnúmero de paganos, pero también por Tertuliano, uno de los primeros Padres de la Iglesia, el cual hará guiños al pseudoprofeta en alguno de sus escritos. El montanismo seguirá medrando hasta que el papa Ceferino lo condene tajantemente, calificándolo como una de las herejías anunciadas por el mismísimo Jesucristo: «Se levantarán falsos Cristos y falsos profetas, y mostrarán grandes señales y prodigios para así engañar, de ser posible, aun a los escogidos» (Mateo 24; 24).

Como hemos visto, la historia de la humanidad está repleta de supuestos encuentros con lo inefable; no obstante, ¿aquellos encuentros eran reales o fruto de algún tipo de engaño para manipular al vulgo? ¿Cómo diferenciar lo uno de lo otro? ¿Cómo saber si quien hablaba por la boca de un profeta era Dios, el diablo, su propia vanidad o alguna enfermedad mental?

Para el judaísmo primitivo había que diferenciar entre un profeta, un pseudoprofeta y un impostor. El primero era quien, después de una experiencia sobrenatural, Dios le encargaba alguna misión. En este caso, el ser humano debía negarse a sí mismo y asumir completamente su tarea divina, convirtiéndose de esa manera en profeta.

Por otra parte estaban quienes, habiendo tenido también alguna experiencia religiosa, sin embargo no supieron trascender su vanidad y sus mensajes fueron erróneos, como le sucedió a Sedequías bar Quenaana, quien animó al rey Acab para que atacase a los sirios con el fin de recuperar Ramot de Galaad (1 Reyes 22). Al tener noticias de lo anterior, el profeta Micaías bar Imla se le opondría firmemente, por lo que Sedequías le abofeteará en la cara. Aunque los dos eran considerados profetas, sin embargo cada uno auguraba cosas totalmente opuestas. El tiempo daría la razón a Micaías, lo que rebajará a Sedequías al rango de pseudoprofeta.

Otro fenómeno que podemos encontrar en el Antiguo Testamento es el de los auténticos profetas que, por haberse alejado de Dios, a veces se equivocaban, así como el de los falsos profetas que acertaban por puro azar.

Por último, un falso profeta era quien, sin haber sido nombrado por la divinidad, empero fingía haber tenido alguna teofanía que vindicara sus pretensiones, simulando éxtasis e inventándose las revelaciones que más convenían a sus intereses, como sucedió con los profetas de Baal hasta que Elías, según el relato veterotestamentario, demostró que carecían de respuesta divina.

La falta de milagros en su labor profética también era fundamental para distinguir entre lo verdadero y lo fraudulento, así como la coherencia entre lo que cada profeta decía y lo que hacía, teniendo además en cuenta que la falsa profecía, por carecer de raíces en Dios, estaba abocada al fracaso y a la desaparición. Este último argumento lo encontramos en el consejo que Rabbí Gamaliel dio al sanedrín, quien se había reunido para organizar la persecución contra los discípulos de Jesús. Según Gamaliel, «si aquella actividad era cosa de hombres, se vendría abajo. Pero si era cosa de Dios, nadie podría destruirla» (Hechos de los apóstoles 5; 33-39).

El profetismo podía revelarse mediante raptos de conciencia, visiones, manifestación de oráculos, cercanía a la divinidad, audiciones prodigiosas o exaltaciones metafísicas, lo que distinguía a los profetas de los hombres inspirados por Dios en el desarrollo de su labor. La diferencia sustancial entre unos y otros era que Dios mismo podía hablar a través de sus elegidos, mientras que la inspiración divina era una experiencia más sutil que no tenía por qué traspasar las fronteras de la intimidad de cualquier devoto. Con todo, un profeta no tenía por qué actuar siempre como tal, sino únicamente cuando le sobreviniera el rapto divino.

Al haber puesto sus vidas al servicio de la divinidad, los profetas solían estar imbuidos de una personalidad arrolladora, la cual no se rebajaba delante de sacerdotes ni reyes, denunciando valientemente las faltas que se cometían contra Yahvé a pesar de que su osadía pudiera costarles la vida. Su carisma solía seducir al pueblo y, al no poder comprárseles ni con dinero ni con posición, su presencia exaltaba el ánimo de los poderosos, que solían temerlos ya que eran capaces de sacar a relucir todas sus miserias, como sucedió con Juan Bautista y Herodes Antipas.

Con el judaísmo intentando recomponerse y el cristianismo mixturándose con los mitos paganos romanos, surgirá en Arabia un nuevo enviado de Dios, Muhammad ibn Abdullah.

La Arabia preislámica

> «¿No has visto lo que hizo tu Señor con los del elefante? ¿Acaso no hizo que su estrategia fracasara, enviando contra ellos pájaros en sucesivas bandadas que les arrojaban piedras de arcilla hasta que los dejaron como paja carcomida?». (Sagrado Corán. Sura 105)

Los musulmanes llaman Yahiliyya —edad de la ignorancia— a la época anterior a la confederación de ligas árabes en torno al islam, ya que consideran que, si bien al principio toda la humanidad era monoteísta —según el mito de Adán y Eva que encontramos en el libro del Génesis—, con el correr de los siglos la práctica de la adoración a un único dios pasará a ser exclusiva del judaísmo, el cual no obstante habrá retocado, como los cristianos, las Sagradas Escrituras para adaptarlas a su conveniencia; algo que no sucederá con el Corán. Aunque esta teoría se enfrenta directamente con los restos arqueológicos encontrados en yacimientos de todo el planeta, así como con la evolución de la teología con el correr de los siglos, ninguna prueba es suficiente para convencer a los adeptos de la religión del desierto, como tampoco a los fundamentalistas cristianos y judíos, de que el mundo tiene más de seis mil años y de que la humanidad no surgió de una primera y exclusiva pareja de hombre y mujer.

Literatos romanos, empero, llamarán al periodo sabeo

—pueblos descendientes de la reina de Saba asentados sobre todo en Yemen— el de la Arabia Feliz, en el cual los poetas solían rivalizar los unos con los otros, declamando sus obras a la vera de la Kaaba, siendo las más aplaudidas colgadas en las paredes del edificio sagrado para gloria de su autor.

Aunque la información que nos ha llegado de la historia árabe preislámica es escasa, sabemos que las tribus se disputaban sobre todo tres linajes; aquellos que se consideraban descendientes de los amalecitas que emigraron de Canaán debido a la conquista de Israel; aquellos que decían ser descendientes del patriarca bíblico Abraham, quien habría tenido a Ismael con la esclava Agar; y por último aquellos que aseguraban ser hijos de Eber, nieto de Noé, de quien igualmente también descenderían los hebreos.

Según la tradición judaica, Eber estuvo presente en la construcción de la torre de Babel, aunque se habría negado a participar en las obras, por lo que su descendencia se salvará de la ira divina y su lengua no será confundida como la del resto de las tribus humanas, coligando así tanto el idioma hebreo como su posterior evolución, el árabe y el arameo, con la lengua adámica original que habrían hablado Adán y Eva. En el Corán, Eber aparece con el nombre Hud, siendo enviado sin éxito a predicar la unicidad de Dios a los primeros habitantes de La Mecca. Sea como fuere, lo que no podemos negar es la enorme influencia que los relatos veterotestamentarios tuvieron en la mentalidad de los habitantes de la península arábiga a lo largo de su historia.

Cuando Mahoma vino al mundo, la tribu de los Quraysh, que señoreaban en La Mecca, eran los únicos que tenían derecho a circunvalar la Kaaba llevando la ropa puesta. El resto de peregrinos no podrán disfrutar de dicho privilegio y tendrán que conformarse únicamente con vestir dos prendas blancas para cubrir su cuerpo. Con el advenimiento del islam, todos los musulmanes deberán portar estos dos hábitos durante la peregrinación a la casa de Dios, los cuales serán el símbolo externo de un período de consagración y pureza interior llamado «estado de Ihram».

En la Arabia Feliz, el vino y el alcohol corrieron libremente por las gargantas tanto de hombres como de mujeres, lo que originaba excesos que terminaban en peleas, reyertas y todo tipo de actos licenciosos por toda la ciudad. Las orgías, al igual que en la Roma pagana, eran plato de buen gusto de todo el mundo. La terrible costumbre de enterrar a las niñas recién nacidas para ganarse el favor de algún ídolo fue instaurándose a lo largo y ancho del país. El fetichismo, la magia, los oráculos, la superchería, el orgullo y el asesinato por honor eran características propias del pueblo árabe anterior al islam.

A finales del siglo VI, más concretamente en el mes de abril del año 571, nacerá en La Mecca una de las figuras más destacadas de la historia de la humanidad, el profeta Muhammad (Mahoma). Su padre, Abdullah ibn Abdul Muttalib, poco después de desposarse con Amina bint Wahb, encontrará la muerte cerca de Yatrib mientras regresaba de una expedición comercial procedente de Palestina. El pequeño Muhammad, como era costumbre entre los árabes adinerados, será entregado primeramente a una esclava cristiana, procedente de Etiopía, llamada Umm Aiman, por quien sentirá un cariño muy especial, y luego a una nodriza llamada Halimah, de la tribu de los Bani Sa'd, quien lo amamantará y cuidará hasta que cumpla cuatro años. Será durante su primera infancia cuando se revele el primer hecho sobrenatural en la vida del apóstol árabe.

Cuenta la tradición que, una mañana, el arcángel Gabriel se apareció ante el pequeño Muhammad y sus amigos, llevándoselo consigo a la fuente de agua Zam Zam que brotaba al lado de la Kaaba. Allí, a la vista de todo el mundo, el ángel le abrió el pecho, le extrajo el corazón y lo lavó con agua hasta que consiguió arrancarle una especie de lunar oscuro que tenía adherido a la piel, donde se supone que Satanás susurraba sus concupiscencias a los hombres. Acto seguido, Gabriel devolvió el órgano a su sitio y cerró la herida, dejando al joven de nuevo con su tutora, la cual, llena de espanto y temiendo por la vida del pequeño, decidirá devolvérselo a su madre. Este hecho quedará relatado en el sagrado Corán, sura 94.

A los seis años, Amina bint Wahb decidirá subir hasta Yatrib para rezar en la tumba de su marido, sobreviniéndole la muerte de regreso a La Mecca. Su hijo Muhammad, entonces, tendrá que quedarse al cuidado de su abuelo paterno, Abdul Muttalib, quien no obstante también fallecerá al poco tiempo, por lo que finalmente el Profeta del islam será adoptado por su tío Abu Talib, otro de los líderes de la tribu Quraysh.

Custodiado por Abu Talib, Mahoma crecerá junto al calor de las caravanas que subían y bajaban de Siria, aprendiendo el oficio de pastor y comerciante, ganándose asimismo fama de honrado negociador. Según los biógrafos Al Tabari y Al Baghdadi, será en uno de estos viajes, a la altura de la ciudad de Bosra, donde el joven profeta se encuentre con un monje nestoriano llamado Bahira. El nestorianismo, enmarcado en las disputas cristológicas de la época, se destacó por pensar que Jesús era en realidad un hombre común y corriente en el que sin embargo habitaba la divinidad, por lo que distinguieron en él dos naturalezas: la del hijo de Dios (Cristo) y la del hijo de María (Jesús). Debido a este pensamiento, que María fuese la madre de Dios resultaba una auténtica blasfemia.

Según los hagiógrafos de Mahoma, el monje, delante de la cueva donde residía, vio acercarse la caravana de los Quraysh, notando enseguida que una nube protegía del sol al joven Muhammad allá donde fuera. Dispuesto a desvelar aquel misterio, cuando los comerciantes estuvieron cerca, les salió al encuentro para invitarlos a descansar en su humilde residencia. Una vez acomodados, el monje intentará saber la identidad del pequeño hasta que empiece a tener visiones sobrenaturales sobre su futuro, debido a lo cual, antes de irse, advertirá a Abu Talib que lo protegiese de los bizantinos —según Al Tabai— y de los judíos —según Al Baghdadi—. Abu Talib, confiando completamente en los augurios de Bahira, se dará media vuelta y regresará a La Mecca sin entrar en Damasco.

A los veinticinco años, Muhammad será contratado por una importante mujer de negocios, llamada Jadiyya, con quien contraerá primeras nupcias al poco tiempo, quedándose así a cargo de todas las transacciones comerciales de su esposa. Poco a poco, la ciudad de La Mecca iría creciendo a la vera de su templo, la Kaaba, debido sobre todo a su situación estratégica en el paso de las caravanas que cruzaban la península arábiga dirección a Siria, Egipto o Yemen. La Kaaba era una sencilla pero majestuosa construcción de granito con forma de cubo que se alzaba, y todavía lo hace, entre las colinas de la ciudad, albergando en su estructura al menos dos piedras que se supone descendieron del Paraíso —posiblemente aerolitos—. Según los relatos más piadosos, la Kaaba habría sido alzada originalmente por Adán en el principio de los tiempos, haciendo en la tierra algo semejante al trono de Dios que el hombre original habría visto en los cielos, donde los ángeles no dejaban de circunvalarlo en perpetua adoración. Años más tarde sería reconstruida por Ismael y su padre, el patriarca Abraham. La desnudez del templo está cubierta por una tela negra, llamada de Damasco, la cual está adornada con suras del sagrado Corán bordadas con hilos de oro. Hace algunos siglos, cuando la tela se cambiaba, era cortada en pequeños trozos por los eunucos que cuidaban del oratorio y repartida entre los peregrinos, quienes pujaban por llevarse a casa un trozo del lienzo que había vestido la casa de Dios.

Explanada de la Kaaba en La Mecca, Arabia Saudí.

Antes de la llegada del islam, la Kaaba era uno de los tres santuarios más importantes de la península arábiga, donde se rendía culto especialmente a Allah, pero también a la tríada de diosas paganas: Al-Lat, Uzza y Manat, quienes eran consideradas hijas de Allah. Al-Lat era una especie de dama blanca cuyo símbolo consistía en una piedra cuadrada del mismo color; mientras que Manat era la señora del tiempo y se la representaba con una piedra negra en forma de cubo. El templo a Al-Lat, según Heródoto, se encontraba en las proximidades de Ta'if. Uzza era venerada en un árbol sagrado de Nakhla por la tribu de los Ghatafan; mientras que a Manat se le rendía culto en La Mecca sobre todo por los Banu Hudhayl, los Quraysh y los Khuza'ah.

La tribu de los Banu Khuza'ah fueron los dueños y señores de La Mecca, guardianes de la Kaaba, antes del ascenso de los Quraysh. Según los historiadores árabes Al-Kalbi e Ibn Ishaq, Ismael y su madre Agar habrían formado una especie de coalición con la casta Jurhum al establecerse en La Mecca. Empero, tras la muerte de estos, los Jurhum se atrevieron a desacralizar el templo, permitiendo incluso el acto sexual en su interior, por lo que los Banu Khuza'ah le arrebatarán la custodia del edificio sagrado. No obstante, tampoco esta tribu guardará el debido decoro al testamento del único Dios, puesto que traerán de sus expediciones a Siria un ídolo llamado Hubal, el cual colocarán dentro del receptáculo y comenzarán a rendirle culto como su dios principal. La figura habría tenido la forma de un anciano barbado con la mano derecha rota, la cual sería sustituida por una de oro.

Delante del altar a Hubal se lanzaban siete flechas que, según la dirección que tomasen, podrían augurar una cosa u otra. El cronista Al Tabari sostiene que Abdul Muttalib, el abuelo del profeta Muhammad, habría consagrado a su nieto al ídolo, mientras que Al-Kalbi asegura que además le prometió sacrificarle a uno de sus hijos. Después de consultar las flechas, el nombre elegido fue el de Abdullah, el padre de Mahoma, aunque al final Abdul Muttalib pudo conseguir salvarlo a cambio de cien camellos.

Con el tiempo, los Quraysh heredarían la protección de la Kaaba y Allah seguiría siendo el dios principal, repartiéndose los fieles tanto con Hubal como con los trescientos dioses que las tribus se complacían en introducir dentro del santuario otrora construido por Abraham.

Tan seguros estaban los antiguos habitantes de La Mecca de la invulnerabilidad de su santuario, que no hicieron nada para protegerlo cuando supieron que el rey de Yemen, Al Arsham, marchaba contra ellos con el propósito de destruirlo. Llegando las huestes yemenitas hasta las mismísimas puertas de la ciudad, los Quraysh entraron en pánico ante la visión de las criaturas más grandes que jamás habían visto: ¡elefantes! Tanto es así que muchos decidieron abandonar sus casas para buscar refugio en el desierto. Con todo, los ejércitos de Yemen, temiendo alguna estratagema por parte de los mecanos, no entrarán en la ciudad inmediatamente, acampando en las inmediaciones hasta asegurar su posición. Abdul Muttalib, en un alarde de valentía, decidirá ir a ver al soberano extranjero en su propio campamento. Al Arsham, convencido de que su enemigo quería negociar la rendición de la ciudad, accedió al encuentro. Ante la presencia del abuelo del Profeta, el rey de Yemen se maravilló. La gallardía de Abdul Muttalib era semejante a la de cualquier soberano de la época. Su mirada penetrante y su rostro altivo infundieron temor en el yemenita, quien empezó a dudar de las pacíficas intenciones del árabe. Al Arsham no codiciaba la sangre de los mequíes, tan solo ardía en deseos de arrasar la Kaaba para redirigir la afluencia de peregrinos hacia Sanaa, haciendo de aquella ciudad un nuevo centro de procesión más rico y próspero que La Mecca.

Abdul Muttalib ofreció al monarca una parte de sus posesiones, así como un tributo anual, para que regresase en paz su tierra y no echase abajo el templo de sus antepasados. No obstante, Al Arsham deseaba tanto la destrucción de la Kaaba, que no aceptó ninguna oferta. El abuelo del Profeta, comprendiendo la situación, no insistió más; pero antes de marcharse, volvió su mirada hacia el soberano y le dijo:

—Si no aceptas el ofrecimiento que La Mecca te hace, ¡devuélveme los camellos que me has robado!

Según las crónicas, el ejército yemení se había apropiado de más de un centenar de camellos del abuelo del Profeta mientras acampaba frente a la urbe.

—Cuando te vi, te respeté —dijo Al Arsham—. Pero ahora que has hablado, siento desprecio por ti. ¿Me preguntas por tus camellos y no insistes en la salvaguarda del templo de tus ancestros que pretendo destruir?

Al Muttalib se paró en seco y contestó:

—¡Los camellos son míos, pero la Kaaba pertenece a otro! No tengas duda de que Allah lo defenderá de ti y de todo aquel que quiera destruirlo.

Con los ojos abiertos de par en par, el rey gritó de rabia mientras veía cómo su enemigo se marchaba:

—¡Nadie podrá defenderlo de mí!

Abdul Muttalib, sin molestarse ya en volverse, respondió:

—Ya lo verás...

El abuelo de Mahoma, fuera del campamento enemigo, se dirigió hacia sus vecinos y les instó a que abandonasen sus hogares y buscasen refugio en los poblados adyacentes. Luego, delante de la puerta de la Kaaba, se hundió en la oración, rogando a Dios que protegiese su templo. La ira del soberano yemenita no se hizo esperar. Sin embargo, algo extraño sucedería antes del asedio. ¡El elefante del monarca se negó a levantarse del sitio! Por más que sus domadores tiraban de él y lo golpeaban, el pobre animal no consintió en mover ni un solo músculo hasta que decidieron sustituirlo por otro. Solo entonces se levantó y, arrasando todo a su paso, corrió dirección a su país. Esto sorprendió tanto a los yemenitas, que algunos lo consideraron un mal presagio. Pero será el mismísimo Corán quien termine la historia. Y es que, como mencionamos al principio de este capítulo, Allah mandó sobre los invasores bandadas de pájaros como nunca antes se habían visto, portando piedras en sus picos y patas. Cuenta la tradición islámica que, sobre quienes caían estas piedras, morían al instante.

Los invasores, temblando de miedo, salieron corriendo en dirección a su tierra natal como había hecho el elefante minutos antes.

Mientras Mahoma era un noble comerciante, esta vez sí, una catástrofe arrasaría por completo el oratorio árabe. Era la primera vez que desdicha semejante caía sobre La Mecca. Los Quraysh, impresionados, deambulaban de un lado a otro sin saber qué hacer. ¿Sería este el presagio de algún mal venidero? ¿Podría ser acaso un castigo por los pecados de la gente? Intentando remediar la desbandada de peregrinos, los jeques decidieron reunir el dinero suficiente para reconstruir el edificio, no obstante ese dinero tenía que estar limpio de toda impureza. Ningún dírham podía estar manchado por las apuestas, ni por la prostitución, ni por el hurto, ni por ningún tipo de acto violento o fraudulento.

Poco a poco, los Quraysh fueron reconstruyendo el templo; sin embargo, el dinero fue menguando rápidamente y la estructura aún seguía a medio terminar, por lo que no tuvieron más remedio que reducir el tamaño original del edificio, dejando que el rectángulo primigenio se convirtiera en un cubo. Hoy en día, un pequeño semicírculo en el lado occidental —opuesto a las esquinas yemenitas— recuerda las antiguas dimensiones del oratorio, y se le conoce como la estación de Ismail, donde la gente suele disputarse el honor de rezar en su interior.

Cuando la Kaaba se alzó, otro problema estuvo a punto de conducir a las tribus a una guerra fratricida. Había que poner de nuevo la más grande de las Piedras Negras en su lugar, pero ¿quién sería digno de tal honor sin que el resto de los clanes se sintiesen molestos? En secreto, los jeques acordaron que la primera persona que entrase en la explanada del templo a la mañana siguiente sería la que tuviese el honor de colocar la Piedra en su esquina correspondiente..., y el destino quiso que esa persona fuese Mahoma.

Siendo consciente del malestar que su elección generaría en muchos de sus convecinos, el profeta en ciernes pidió que le trajeran una sábana limpia —otros dicen que utilizó su propia túnica—, colocó la Piedra Negra sobre la tela e instó a los dirigentes de las tribus a coger cada uno de un extremo del lienzo, llevándola así todos al lugar donde le correspondía. De esa manera nadie podría molestarse con otro, puesto que todos habían sido partícipes de colocar la joya del templo en su actual ubicación. Con aquel gesto, Muhammad evitó una más que posible guerra civil entre los árabes.

El diario de un profeta

«El Mensajero cree en lo que se le ha hecho descender procedente de su Señor, y los creyentes creen con él. Todos creen en Allah, en sus ángeles, en sus libros y en sus enviados. No aceptamos a unos mensajeros y negamos a otros. Nosotros oímos y obedecemos». (Sagrado Corán 2; 285)

Cuentan los exégetas islámicos que habría que diferenciar tres etapas importantes en la vida de Mahoma: la primera sería desde su infancia hasta que se convirtió en un rico comerciante a cargo de los bienes de Jadiyya; la segunda durante su predicación en La Meca, ya como profeta; a la que finalmente le seguirá el periodo de exilio e instauración del islam en la ciudad de Medina.

Esta segunda etapa dará comienzo con el supuesto encuentro extático que el apóstol árabe habría tenido, a la edad de cuarenta años, con una extraña entidad sobrenatural en el interior de Hira, una cueva ubicada en la cima de Jabal Nur —la montaña de la luz—, a tan solo unos pocos kilómetros de la Kaaba. Antes del choque con la entidad espiritual, Mahoma vagaba taciturno por entre las calles de la ciudad como si un peso en el alma le robase el aliento, encontrando consuelo únicamente en la cumbre de dicha montaña; un sitio apartado de los laberínticos ajetreos de la urbe, de sus ruidos, de sus gentes, de su mercado y su trasiego. Fue en aquel lugar donde comenzó a pasar los días enteros, a veces incluso semanas, sumido en la contemplación del desierto. Obligado por las necesidades del cuerpo, cuentan que únicamente bajaba a casa para buscar provisiones, deseando no separarse demasiado tiempo de su estado de profunda meditación. Estando en estas, la leyenda hagiográfica asegura que escuchó una voz rompiendo el inmaculado silencio.

«¡Iqra!», que quiere decir «lee», ordenó aquella voz.

Muhammad salió de la cueva, miró en derredor, pero no vio a nadie. No obstante, se atrevió a preguntar tímidamente: «¿Qué tengo que leer?». La entidad, apretando fuertemente su cuerpo, le ordenó por segunda vez: «¡Lee!». La mente de Mahoma se nubló sin poder comprender lo que estaba pasando. ¿Sería acaso algún genio malvado que intentaba arrastrarlo hasta la locura? «¿Qué tengo que leer?», le replicó al vacío. Y por tercera vez sintió un abrazo invisible que trataba de asfixiarlo. A los pocos segundos, cuando por fin se liberó de la opresión, la voz declamó:

> ¡Lee, en el nombre de tu Señor que ha creado! Ha creado al hombre de un coágulo. Lee; tu Señor es el más Generoso. El que enseñó al hombre por medio del cálamo. Enseñó al hombre lo que no sabía. (Sura 96; 1 a 5)

Muhammad bajó del monte a toda prisa, temblando de la cabeza a los pies. Los objetos inanimados con los que se cruzaba: piedras, palmeras, incluso las nubes, le saludaban diciendo «As salam alaykum» («Que la paz sea contigo»). Allá donde miraba, podía ver cómo se levantaba la silueta de una poderosa figura que no supo reconocer. Una vez en casa, Mahoma, de complexión fuerte y estatura media, tiritaba y al mismo tiempo sudaba abundantemente.

«¡Arrópame!», dijo a su mujer. Y al instante, Jadiyya lo cubrió con un manto. Sin embargo, la entidad no se daría por vencida. «¡Oh tú que te arropas! ¡Levántate y advierte! Y a tu Señor engrandece. Y tu vestido, purifícalo. De lo abominable, aléjate. No des esperando recibir más, y sé constante con tu Señor» (Corán 74; 1-7).

Al día siguiente, Jadiyya decidirá llevar a su marido a ver al monje Waraqah ibn Nawfal —quien posiblemente estuviera emparentado con el arrianismo o con el nestorianismo—, el cual había adquirido fama de ser un hombre de conocimiento y a quien algunos exégetas islámicos, como Muslim ibn Al-Hajjaj, le atribuirán la traducción completa de la Biblia a la lengua árabe. Después de indagar en lo sucedido, Waraqah creyó descubrir la figura de Gabriel en la entidad que estaba atormentando a Mahoma. Un ángel que también se le habría aparecido a Moisés, a la Virgen María e incluso a su hijo Jesucristo, por tanto, según el anciano, posiblemente Mahoma había sido escogido como profeta para la raza árabe. No obstante, resulta curioso que Muhammad no haya reconocido a la figura angelical, toda vez que se supone que ya se conocieron cuando Gabriel lo secuestró, siendo niño, para extraerle el corazón junto al pozo de agua Zam Zam.

El monje acabará sentenciando que le gustaría estar vivo en el momento en que Mahoma empiece su prédica y se enfrente a los Quraysh de La Mecca... Y no se equivocará en este punto, ya que a los pocos días exhalará su último aliento. Justamente después de este suceso, la inspiración divina cesará abruptamente.

Años más tarde, cuando el islam ya se instaló completamente en la península arábiga, la gente comenzará a murmurar calumnias contra Waraqah por su condición de cristiano, algo que no gustó nada al Profeta, quien tendrá que aclarar que Waraqah murió antes de su advenimiento, por tanto no pudo convertirse al islam, asegurando además haberlo visto disfrutando de las excelencias del Paraíso. (*At-Tirmidhi*).

Tiempo después del velatorio de Waraqah, Gabriel volverá a descender desde el séptimo cielo con mensajes que Muhammad deberá ir recitando y memorizando en lo que más tarde se convertirá en el libro sagrado de la religión en ciernes, el Santo Corán. Empero, a diferencia del Antiguo Testamento y de los evangelios, el Corán no se esforzará en mostrar una cronología histórica coherente ni de sus coprotagonistas ni de las órdenes divinas. Si bien las primeras aleyas reveladas —versículos— contarán someramente la vida de algunos de los personajes más destacados de la Torah, en modo alguno pretenden ser biografías detalladas de los mismos, sino que más bien serán tomados como ejemplo de lo que se debía y no se debía hacer para agradar a Allah. No es por tanto de extrañar que, antes de mencionarlos, el tomo sagrado comience advirtiendo: «¿No habéis oído hablar de fulanito…?» o «Acuérdate de cuando tu Señor llamó a Menganito…».

A medida que la misión apostólica de Mahoma vaya avanzando, las aleyas irán descendiendo cada vez con más frecuencia. Esta amalgama de versos divinos desorganizados, y a veces inconexos, acabará convirtiéndose en el libro que el Profeta árabe dijo haber visto junto al trono de Dios, y que Gabriel irá redactándole por fascículos hasta su muerte. Pero, para que la obra tuviese algo de coherencia, se hará necesario un análisis posterior de las aleyas para saber dónde, cómo, cuándo y por qué descendieron.

A semejanza del judaísmo rabínico, que compilará el *Talmud* como un libro de comentarios coligados con la Torah, el Corán tendrá igualmente su exégesis, llamada *Tafsir*, uniendo las palabras del Corán con las actuaciones y dichos de la vida de Mahoma —Sunna—, deseando así arrojar luz a ciento catorce capítulos, o suras, donde las supuestas revelaciones divinas fueron juntándose sin afinidad en el tiempo de su descenso ni en el asunto que trataron de desarrollar.

Presumiendo que Dios tomaba parte en todas las disputas de Mahoma, el Corán aglutinará, junto a las leyendas de los antiguos profetas, cientos de las respuestas que Allah irá resolviendo para cada uno de los asuntos de su profeta; de modo que cada cosa que Mahoma ordenaba o prohibía era vindicada y justificada por una revelación divina.

> ¡Vosotros que creéis! Ciertamente el vino, el juego de azar, los altares de sacrificio y las flechas adivinatorias son una inmundicia procedente de la actividad de Satanás; apartaos de todo ello y podréis tener éxito. (Sura 5; 90)

Durante el periodo de predicación en La Mecca habrá que distinguir también dos etapas; la primera será la de un apostolado pacífico, secreto y selecto, únicamente dirigido a las personas más cercanas al Profeta. En este tiempo aparecerán los primeros conversos justamente entre la familia de Mahoma. La primera mujer en convertirse al islam fue su esposa Jadiyya; el segundo, su primo Ali, hijo de Abu Talib; después le seguirán Zayb ibn Harithah, su hijo adoptivo, y Abu Bakr As-Siddiq, su mejor amigo y posterior suegro.

En la clandestinidad, el Profeta recitaba el Corán llamando a la gente al más puro monoteísmo, al temor de Allah, a la esperanza en el Paraíso venidero y a la espera del día del Juicio Final. Con la restauración de la religión de Abraham y de Moisés, todos los ídolos deberían ser desechados, así como la práctica de enterrar vivas a las niñas recién nacidas.

Muhammad empezó a tomar conciencia de que muy posiblemente él sería el último de los profetas de la humanidad, quien además vendría a denunciar las faltas cometidas por el judaísmo, a quien acusaba de haber rechazado y asesinado a los mensajeros de Dios que le habían sido enviados anteriormente, así como para limpiar la imagen de Jesús que los cristianos habían prostituido, confundiéndolo con Dios y rezándole a él y a su madre en lugar de a Allah.

En esta etapa veremos cómo Muhammad irá cogiendo confianza y autoconvenciéndose de su labor profética. Sin oposición que se le enfrente, los versos revelados durante esta época serán hermosos, denunciando las depravadas prácticas de los árabes de La Meca sin dejar de ser conciliadores con el cristianismo y con el judaísmo. No se apreciará, en estos primeros años, ni siquiera un atisbo de la belicosidad que emergerá en el segundo periodo mecano, así como en su etapa final en Medina, donde, según algunos exégetas, se abrogarán las primeras revelaciones por las últimas, mucho más drásticas y violentas.

Los musulmanes empezarán rezando dos veces al día, una al amanecer y otra al anochecer, recitando los versos del Corán que habían aprendido o copiado sobre pieles de camello u hojas de palmera, haciendo una serie de genuflexiones —llamadas *salat*— que comprenderán el segundo de los cinco pilares del islam después del reconocimiento de la existencia de un único Dios y de que Mahoma es su mensajero.

Alabado sea Dios, el Señor de los mundos. El más Clemente. El más Compasivo. El Dueño del día del Juicio. Solo a ti te adoramos y solo en ti buscamos refugio. Llévanos por el camino recto, aquel que Tú has escogido, y no el de aquellos que has extraviado y son merecedores de tu ira. (Sura Al-Fatiha).

Al mensaje del Corán le seguirá una recopilación de hadices —dichos del Profeta— que, como ya hemos mencionado, vendrán a aclarar los puntos más controvertidos del libro sagrado, componiéndose así la *sharia* o ley islámica.

Según la cadena de transmisión —*isnad*— y la consonancia de los mismos con lo que encontramos en el sagrado Corán, los hadices pueden ser *sahih*, confiables; *hasan*, buenos, o *daif*, débiles.

Los siete hagiógrafos más destacados de la vida de Muhammad fueron, en primer lugar, Al Bujari, quien recopiló la mayoría de hadices *sahih*, preocupándose de buscar las fuentes de los mismos a pesar de que, cuando comenzó su labor, ya habían pasado más de ciento ochenta años de la muerte de Mahoma.

Le seguirá muy de cerca Muslim ibn Al-Hajjaj, quien hará lo mismo que Al Bujari, confluyendo ambos en la mayoría de sus conclusiones, por lo que sus obras siempre llevarán el apelativo de *sahih* (correctas).

Al-Tirmidhi habría sido alumno de Al Bujari y estuvo además relacionado con Ahmah ibn al Hambal, precursor de una de las cuatro escuelas del islam junto con el imán Malik, Abu Hanifa e imán Shafii, siendo también alumno de estos últimos.

Abu Dawood, Ibn Mayah y Al-Nasai harán lo propio en el tercer siglo después de la Hégira.

A diferencia de los anteriormente mencionados, Ibn Ishaq no se dedicará únicamente a recopilar hadices, sino que también redactará una detallada biografía del Profeta —*sira*— por encargo del califa Al-Mansur.

Y será así como comience la historia del islam, con una revelación divina, con la orden taxativa del ángel Gabriel para que el nuevo profeta se purificara y purificase las religiones del libro, y con un hombre de Dios —Waraqah— reconociendo al mensajero y santificándolo.

Tras las primeras conversiones, una nueva revelación indicará que el tiempo de espera había terminado y que la misión apostólica de Mahoma, así como de los musulmanes de La Mecca, debía empezar a propagarse no solo entre los familiares, sino también al resto de la tribu. «Advierte a tu clan, a los que están más próximos a ti, y baja tus alas en favor de los creyentes que te siguen. Pero si te desobedecen, di: "Soy inocente de lo que hacéis"» (sura 26; 214-216).

Mahoma, auspiciado por esta aleya, subirá a Safa —una de las dos colinas que se asientan dentro del complejo de la Kaaba— y dará la voz de alarma, un acto habitual entre los Quraysh cuando se acercaba alguna tribu enemiga. Al escuchar el grito de alerta, los mequíes se arremolinaron en torno al Profeta, el cual les preguntó: «Si os dijera que tras estas colinas se acerca un ejército invasor, ¿me creeríais?». Todos los presentes, al unísono, respondieron que sí, por lo que Mahoma continuó: «En tal caso, os anuncio algo peor que un ejército. Os prevengo que con vuestras prácticas religiosas estáis condenados a sufrir las penas del infierno». Poco a poco, el enviado de Dios fue nombrando a todos y cada uno de los allí presentes, llamándolos por su nombre y exhortándolos al islam. Empero, cuando llegó el turno de Abu Lahab, uno de sus parientes, este comenzará a maldecirlo e intentará apedrearlo. Viendo peligrar su negocio, Abu Lahab no dejará de asediar a su sobrino en cualquier acto, tanto público como privado, en el que Mahoma esté presente.

Además de arrojar basura en su puerta, también será uno de los que lo cubran con las vísceras de un camello muerto mientras se encontraba postrado ante la Kaaba, motivo por el cual tuvo que venir su hija Fátima a socorrerlo para que pudiera levantarse. Así las cosas, será la primera vez que Mahoma se encuentre con una férrea oposición, y con críticas muy severas, que lo acusaban de ser un mentiroso y un farsante, por lo que también será la primera vez que descienda una aleya bélica en la cual Allah le deseará la muerte a Abu Lahab.

> ¡Que se pierdan las manos de Abu Lahab! ¡Que perezca él! Ni su hacienda ni sus riquezas le servirán de nada. Arderá

> en un fuego llameante y su mujer acarreará la leña llevando una soga de fibra al cuello. (Sura 111)

La sura de Abu Lahab no parecen palabras inspiradas por una inteligencia superior, sino más bien las de un hombre airado que se siente ofendido y desea que su detractor tenga la peor de las suertes.

Abu Lahab no perdonará las ofensas que Mahoma le haga a través del Corán, por lo que pedirá a sus hijos, prometidos con Ruqayyah y Umm Kulthum —las hijas del Profeta—, que rompan sus compromisos con ellas, así como a su hija Durrah, casada con Zaib ibn Haritah, que se divorcie del hijo adoptivo de Mahoma.

Estando en estas disputas llegará la muerte de Abdullah, el único hijo varón de Mahoma y Jadiyya, lo que supuso una gran alegría para Al-As ibn Wail, quien se pasará medio duelo riéndose y llamando a Muhammad «el que no tendrá descendencia», *abtar*. Para consolar al Profeta, Allah hará descender una aleya prometiéndole riquezas y abundancia sin medida: «En verdad te hemos concedido la abundancia. Por tanto, reza a tu Señor y ofrécele sacrificios. Porque será quien te deteste el que no tendrá posteridad» (sura 108).

De la misma manera que la sura 111, aquí parece que el deseo de resarcimiento de Mahoma ocupará el lugar de Dios en la redacción coránica.

Otro de los opositores al islam será Walid ibn Mughira, quien también tendrá el honor de verse reflejado en un libro divino que poco a poco se irá convirtiendo en un listado de condenados que se atrevieron a pronunciarse en contra del mensajero de Dios.

> Dejadme a solas con el que yo creé, y le di grandes riquezas e hijos. Le dimos todo con holgura, pero él ambiciona más. ¡Pero no! Se ha enfrentado a nuestros signos. […] ¡Muera! ¡Que muera por premeditar así! (Sura 74: 11-20)

A pesar de las numerosas aleyas donde Allah deseó la muerte inmediata de algunos de sus litigantes, y de los versículos coránicos donde se asegura que cuando Dios desea algo únicamente tiene que decir sé, y es —sura 40; 68—, ninguno de los opositores de Mahoma morirán inmediatamente ni de manera sobrenatural, lo que da que pensar que en algún momento Mahoma sustituyó la voluntad de Allah en la redacción del Corán, manifestando lo que él mismo pensaba de quienes no se plegaron a sus pretensiones. Será aquí cuando el apóstol de los árabes se enfrente a la imputación, por parte de los Quraysh, de ser un falso profeta.

Aquella primera oposición sacará a la luz disquisiciones precisas y concretas, atribuyéndole por un lado no ser más que un loco o un poseso (sura 15; 6), un farsante (38; 4), que el Corán no era un libro divino, sino más bien invención del propio Mahoma (74; 25), y que todas las aleyas no eran más que una serie de delirios confusos que él mismo se imaginaba (21; 5).

Ante las numerosas peticiones por parte de los mecanos de que realizase algún prodigio para acreditar su profetismo, Allah oportunamente les contestará que, aunque así lo hiciese, ellos no le creerían (21; 6), por tanto, el único milagro, se supone, será el Corán.

Para los musulmanes, islam significa «sometimiento a la voluntad de Allah». Pero, ¿la nueva religión era realmente la voluntad de Allah o la de Mahoma? ¿Qué diferencia había entre uno y otro? ¿Podemos, sin caer en la ira divina, cuestionarnos la sacralidad del Corán?

Ibn al Fuwari, cronista medieval asentado sobre todo en Iraq, relata en su obra cómo Ibn Kammuna, un judío de Bagdad, escribió un libelo cuestionándose el profetismo de Mahoma, por lo que toda la ciudad, con el emir al frente, no tardó en destrozar su casa, poniendo precio a su cabeza. No obstante, el filósofo podrá escapar de sus perseguidores escondiéndose en una canasta para salir de la ciudad.

Desgraciadamente, son muchos los encarcelamientos, cuando no ejecuciones públicas, de académicos, artistas y literatos que se han atrevido a cuestionar la credibilidad del libro sagrado del islam y la honestidad del profeta Muhammad. El 1 de septiembre de 2014, el bloguero Raif Badawi fue condenado en Arabia por discrepar de la doctrina islámica, por lo que se le sentenció a diez años de encarcelamiento y a la pena de mil latigazos..., condena que sigue cumpliendo a pesar de las protestas internacionales. La tunecina Nadia el Fani, directora de la película *Inch'Allah*, sería igualmente condenada en 2013 por promover el laicismo, debido a lo cual tuvo que exiliarse a París, donde todavía reside. Más recientemente, Nasrin Sotoudeh, abogada iraní, ha sido condenada a treinta y ocho años de cárcel y ciento cuarenta y ocho latigazos por oponerse a que las mujeres lleven el velo de decoro. Y es que el islam no se ha extendido por todo el mundo porque sea la religión definitiva e infalible que los musulmanes pretenden hacernos creer, sino porque todas las voces en su contra fueron y siguen siendo silenciadas drástica y violentamente. Empero, una mentira repetida mil veces no se convierte en verdad; tan solo será una mentira que el pueblo habrá asimilado y que seguirá creyendo hasta que alguien se atreva a cuestionarla.

El espíritu crítico brilla por su ausencia en la inmensa mayoría de historiadores y creyentes musulmanes, los cuales siguen sometidos a unos dogmas impuestos hace más de mil cuatrocientos años; tradiciones que se niegan a cuestionarse ya que, según parece, todo debe permanecer axiomático, puesto que el último de los profetas ya cambió todo lo que había que cambiar e impuso una dictadura tribal mundial que ha aniquilado por completo el espíritu opinante.

Con todo, esta actitud no es sino una prueba más del temor que algunos sienten cuando tienen que enfrentarse con una realidad que resulta demasiado incómoda. El oro, para saber si es oro, debe ser probado; únicamente así demostraremos su valor y su precio. Si alguien viniera a vendernos un anillo nupcial, pero se negara a que lo evaluásemos, deberíamos sospechar. En cambio, si un mercader está seguro de lo que vende, no tendrá ningún problema porque lo sometamos a las pruebas pertinentes. El oro no se ofende porque lo cuestionemos ya que puede demostrar la belleza que esconde en su interior y superar cualquier experimento. El islam, si realmente es la única religión verdadera, y su Profeta fue un hombre infalible, no debería ofenderse por ser cuestionado.

A pesar del clero musulmán, y de las indicaciones de Mahoma, dudar no es pecado, sino la obligación de todo aquel que busca la verdad. Si Dios es falible, no puede ser Dios.

Oh Kalamas, no aceptéis nada por tradición oral, ni por el linaje de la enseñanza, ni por los rumores, ni porque sean colección de escrituras antiguas, ni a causa de la lógica primera, ni a causa de la inferencia, ni por consideración de las causas, ni por la aceptación reflexiva de una idea, ni siquiera por la fama del maestro, ni porque sea vuestro maestro. En cambio, si vosotros comprendéis: estas cosas son sanas, estas cosas son irreprochables, estas cosas son elogiadas por los sabios, estas cosas conducen a la felicidad y al beneficio. Entonces, Kalamas, habiéndolas comprendido, deberíais morar en ellas. (*Kalama Sutra*. Budha)

Cristología Mahometana

> «Verdaderamente Jesús, ante Allah, es semejante a Adán. Él lo creó de la tierra y luego dijo: ¡sé! y fue». (Corán 3; 59)

Como ya hemos mencionado, para la religión islámica el mayor milagro de Muhammad —otros dicen que el único— fue la compilación de su libro sagrado, el cual es no sino la palabra de Dios descendida del cielo; pero ¿y si pudiésemos demostrar que el Corán está equivocado? ¿Seguiría siendo un milagro o una estafa? ¿Puede acaso Allah equivocarse?

Los ulemas y entendidos en ciencias islámicas, así como la traición musulmana, aseguran que Mahoma era iletrado, motivo por el cual la revelación coránica habría sido un auténtico prodigio, puesto que el apóstol árabe no podría haberla leído ni en la Torah ni en los evangelios; no obstante, la primera orden que Gabriel le dio a Mahoma fue: «¡Lee!». Por tanto, si Mahoma no sabía leer, ¿cómo pudo pedirle el ángel que leyese? ¿Acaso su encuentro sobrenatural le confirió también milagrosamente el arte de la lectura y de la escritura?

Sabemos de al menos un par de ocasiones en las que el Profeta del desierto pidió algo con lo que escribir: una para firmar un acuerdo con los mecanos en el llamado Tratado de Paz de Hudaybiyyah, garabatos que ahora muestra el Estado Islámico en su funesta bandera; y otra, según Ibn Abbas, antes de morir, cuando quiso redactar sus últimas instrucciones para los creyentes, según el *Sahih Bujari*; por tanto, ¿era Muhammad analfabeto o únicamente quiso parecerlo?

Para muchos arabistas, alguien iletrado no podría haberse hecho cargo del negocio de Jadiyya, ni tampoco haber cerrado tratos con otros comerciantes árabes, sirios o egipcios. Por otra parte, que toda la familia de Mahoma perteneciese a la nobleza Quraysh contrasta con su presunción de analfabetismo, toda vez que La Meca era considerada tanto la capital espiritual como cultural de su época. Según los hadices, cuando Mahoma sentía que Gabriel estaba cerca, le pedía a sus seguidores que pusieran la consecuente recitación por escrito, aunque la mayoría de ellos perteneciesen a un estrato social más bajo que él.

Empero, tal vez a Mahoma no le hizo falta saber leer y escribir para relatar el Corán, ya que pudo haber conocido las historias de los antiguos profetas escuchándolas cuando era pequeño de la esclava abisinia Umm Aiman, posteriormente del ermitaño Bahira, para acabar de ilustrarse por medio del primo de Jadiyya, el monje Waraqah, toda vez que, como aseguró Dionisio el Cartujano hacia la mitad del siglo XV en su obra *Contra Perfidiam Mahometi,* el conocimiento de la Biblia que el apóstol árabe poseyó era meramente superficial. Un ejemplo semejante lo tenemos en la vidente Amparo Cuevas, vocera según su propio testimonio de los mensajes de la Virgen del Escorial. Aunque la recientemente fallecida médium apenas sabía leer y escribir, por no hablar de su casi nulo conocimiento de las Sagradas Escrituras, eso no fue óbice para que montara a su alrededor una teología basada en el miedo al infierno y en el castigo eterno, lo que atrajo, y sigue atrayendo, a miles de incautos que todavía piensan que la madre de Jesús hablaba por boca de aquella mujer.

Otros cristianos destacados de la Edad Media, como Juan Damasceno, estuvieron de acuerdo en que Mahoma no sabía leer, o de haber sabido, desde luego no entendió los fundamentos de la fe mosaica ni de su posterior dimanante, el cristianismo. Por este motivo, suponemos, Mahoma tuvo que necesitar la presencia de una tercera persona, o personas, que lo instruyesen y que después desaparecieran abruptamente de escena cuando se autoproclamó profeta y enviado de Dios. Que los relatos hagiográficos indiquen que comenzó su apostolado justamente después de la muerte de Waraqah es del todo significativo, ya que puede que hayamos encontrado al maestro oculto que estábamos buscando. Aunque se sabe más bien poco tanto de él como de Bahira, podemos esbozar sus creencias si nos remontamos a lo que dice el Corán acerca del judaísmo, del cristianismo y más concretamente de Jesús.

Supuesta firma de Mahoma que se custodia en el Mausoleo de Abou Dhama, Kairouan.

Según el libro sagrado del islam, los musulmanes no debían hacerse aliados de los cristianos ni de los judíos, puesto que ambos se negaban a creer en Mahoma y estaban asociados unos con otros (Corán 5; 51). Más adelante, el mismo capítulo seguirá argumentando que Jesús no era Dios ni hijo de Dios, sino tan solo un mensajero como el resto de los que fueron enviados a las gentes de Israel, preguntándose Mahoma a través del Corán cómo podía tener Dios un hijo si no tenía compañera (sura 6; 101). Pasando por alto las numerosas evidencias arqueológicas que señalan que primeramente Yahvé era representado junto a Asherá, su esposa, esta cuestión rebaja la omnipotencia de una deidad que sin embargo, para Muhammad, se encuentra limitada por las reglas que él mismo habría impuesto a su creación.

Si bien es cierto que en el libro sagrado del islam al Nazareno se le otorga el título de Mesías —«el ungido»—, no parece que el Corán —léase Mahoma— sepa muy bien qué significa esa palabra. Tras la muerte de Moisés, Aarón y Josué, el pueblo hebreo descubrirá otra forma de autogobernarse: la monarquía; la cual será santificada por el profeta Samuel ungiendo al primer soberano de un recién nacido feudo, Saúl. Anteriormente, el gobierno había recaído en los sacerdotes y en los profetas, que son llamados jueces de Israel. La monarquía, no obstante, también será particular, pues se consideraba que el soberano era propuesto por la mismísima deidad, de ahí que se hiciese necesaria su unción con aceite por un profeta que conociera los designios del Creador y por tanto pudiera convertir a un hombre común y corriente en el legítimo heredero al trono de Israel. Para el judaísmo, todos los reyes de Israel, sobre todo los pertenecientes a la casa de David, fueron hijos de Dios, si no literalmente, sí al menos como representantes y garantes de sus mandamientos en la tierra.

Al ser ungido por el profeta Samuel, David se convirtió en el genuino soberano del pueblo elegido, a pesar de que el trono estuviese todavía en poder de Saúl, el cual perderá la razón y finalmente acabará suicidándose. De la misma manera, Jesús será proclamado hijo de Dios, es decir, rey de Israel, siendo ungido por un profeta en medio del desierto; nos referimos a Juan el Bautista y al momento de su bautismo en las aguas del río Jordán.

En el episodio de la unción del rey David —1ª de Samuel 16—, el profeta fue enviado a buscar al escogido de Yahvé, el cual se encontraba apacentando a sus ovejas. Después de verter óleo sobre su cabeza, Samuel aseguró que el Espíritu del Señor vino poderosamente a David desde aquel día en adelante. Como vemos, este incidente es semejante en todo al bautismo de Jesús, momento en que los evangelistas narran cómo el Espíritu de Dios descendió sobre él en forma de paloma y la divinidad lo reconoció como hijo suyo.

Ser rey de Israel convirtió a Jesús automáticamente en hijo de Dios, pero no a la manera grecorromana, donde Hércules, Perseo y Ulises se trocaron en héroes y el pueblo heleno acabaría elevándolos a los cielos, algo que más tarde sucederá también con Jesús entre los seguidores del cristianismo niceno. Para la mentalidad judía, el reino de los cielos no era un lugar ultraterreno, puesto que la religión hebrea no creía en el más allá, sino en la resurrección de la carne, de modo que el reino de los cielos debía de ser un lugar en la tierra, es decir, Israel, cuyo monarca gobernaba en representación de Dios y por tanto recibía el título honorífico de hijo suyo, sin por ello adquirir un lugar en el olimpo de Yahvé.

Con el correr de los siglos, la apostasía de los reyes de Judea, la destrucción del templo de Salomón, el exilio hebreo en Babilonia y su posterior regreso a Tierra Santa harán suspirar a los sacerdotes y profetas por un libertador que, a semejanza de Moisés, lidere un movimiento tanto político como espiritual que restaure el reino de Dios en la tierra. Ese caudillo, al que llamarán Mesías, cuyo advenimiento se venía prediciendo desde la muerte de Salomón, tenía que cumplir unas pautas muy determinadas, como la de pertenecer a la casa de David, haber nacido de una virgen y ser reconocido por Dios en un acto público. Empero, que el Corán afirme que Jesús era el Mesías sin ser hijo de Dios es una aberración histórica fruto del desconocimiento de las tradiciones veterotestamentarias de su redactor, Mahoma.

> Y Jesús, después que fue bautizado, subió luego del agua, y he aquí los cielos le fueron abiertos, y vio al Espíritu de Dios que descendía como paloma y venía sobre él. Entonces hubo una voz de los cielos que decía: «Este es mi hijo amado, en quien tengo complacencia». (Mateo 3; 16-17)

Aunque serán muchos los guiños que el profeta árabe hará al judaísmo durante los primeros años de su apostolado, intentando que las tribus hebreas lo reconociesen como el último de los enviados de Dios, las burlas por parte de las comunidades israelitas asentadas en la península arábiga no dejarán de crecer, acusándolo sobre todo de no conocer las Escrituras, acabando por adjudicarle el título de falso profeta.

Sabemos que los judíos contemporáneos a Muhammad solían llamarlo Raina. Si bien la palabra *raina*, en árabe, era semejante a una llamada de atención, e incluso a una advertencia parecida a la que Mahoma utilizó para invitar al islam a los Quraysh desde la colina de Safa; en hebreo era un insulto, por lo que los judíos, sobre todo de Medina, la usarán en este sentido para burlarse de él en su cara. Será la sura 2 del Corán, aleya 104, donde Allah advertirá a los musulmanes que no utilicen ese término para dirigirse a su mensajero. Quizás por esta razón, y por el cariño que Mahoma seguía sintiendo hacia sus mentores ya fallecidos —Bahira y Waraqah—, algo más adelante encontraremos un gesto con el cristianismo que suavizará la postura beligerante de los nuevos musulmanes en favor de los seguidores de Jesús, dejando no obstante a los judíos a merced de la ira de Dios o, en este caso, de los incondicionales de Mahoma.

> Encontrarás que la gente con enemistad más fuerte hacia los que creen son los judíos y los idólatras; mientras que encontrarás que los que están más próximos en afecto a los que creen, son los que dicen: «Somos cristianos». Eso es porque entre ellos hay sacerdotes y monjes y no son soberbios. (Sura 5; 82)

Empero, el cristianismo de Bahira y Waraqah debió de ser particular. Como ya hemos indicado, en el año 325 d. C. tuvo lugar el Concilio de Nicea, donde el arrianismo, que negaba tanto la trinidad como la divinidad de Jesús, fue derrotado por las conjeturas de Atanasio de Alejandría, portavoz del catolicismo, una secta en auge que contaba con mayor número de adeptos que su rival, motivo por el cual el emperador Constantino se decantaría a su favor y la elevaría a religión oficial del imperio, condenando y prohibiendo cualquier otra cristología ajena a los dogmas católicos que encumbraban a Jesús al rango de Dios, engarzándolo en la segunda persona de la trinidad.

No obstante, y a pesar de los esfuerzos romanos, las disquisiciones sobre Jesús seguirán medrando por todo el Mediterráneo, creando nuevas sectas que serán llamadas herejes y perseguidas por el credo oficial, debido a lo cual algunas comunidades anteriormente asentadas en los territorios ocupados por Roma tendrán que exiliarse lejos de sus perseguidores.

Pese a Constantino, el arrianismo seguirá siendo la religión oficial de los pueblos germánicos hasta finales del siglo VI, cuando el rey Recaredo I se convierta al catolicismo y obligue a los visigodos a aceptar el credo romano, dejando como último bastión arriano el reino longobardo hasta finales del siglo VII.

Curiosamente, Mahoma sostuvo una postura bastante similar a la de Arrio, el cual afirmaba, basándose en el Antiguo Testamento, que Dios era único, y que por supuesto no había engendrado ningún hijo. De hecho, si Jesús fue creado, no podía ser el Creador. Con todo, tampoco estará en desacuerdo con el cisma nestoriano, cuyas comunidades tendrán que refugiarse sobre todo en Arabia e Iraq, las cuales defendían que Jesús no era la encarnación de Dios, sino tan solo un hombre imbuido por la divinidad, negando asimismo la doctrina de la redención por la muerte en la cruz. Vestigios de estas dos escuelas serán la base de la cristología mahometana, expresada sobre todo en los capítulos 3, 4, 5 y 19 del Corán.

> Y han caído en incredulidad los que dicen: «Allah es el tercero de tres, cuando no hay sino un único Dios. [...] El Ungido, hijo de María, no es más que un mensajero antes del cual ya hubo otros mensajeros. Su madre era una mujer veraz y ambos comían alimentos». (Sura 5; 73-75)

Con el encumbramiento del catolicismo se intentará recopilar un canon común de libros inspirados que soportasen la base de la fe de los creyentes, descartando por otra parte los más tardíos para que las posteriores fábulas piadosas en torno a la figura de Jesús no interfiriesen en la auténtica hagiografía del Mesías judeocristiano. Todos los evangelios y cartas que merecen ser tenidos en cuenta se escribirán a mediados del siglo primero, pero no será hasta la segunda mitad del siglo quinto cuando el papa Dámaso I decida encargar a san Jerónimo la traducción al latín de la Septuaginta —la Biblia hebrea—, así como de los otros veintisiete libros que vendrían a componer el Nuevo Testamento y que serán conocidos como la Vulgata Latina. Pero el trabajo de san Jerónimo no tuvo que ser en modo alguno sencillo. Eran tantas las versiones de un mismo evangelio que circulaban entre las distintas iglesias, que el exégeta decidió encerrarse en una cueva anexa a la gruta de la Natividad, en Belén, y encomendarse a Dios para que lo guiase en su labor. Los numerosos comentarios que los escribas de las diversas comunidades introducían en los textos, así como la disparidad de traducciones de todos y cada uno de ellos, hicieron del trabajo del santo una delicada tarea de selección, además de traducción, que sin embargo no fue del agrado de todo el mundo. Los libros más tardíos, aquellos que no se ajustaban al molde de lo descrito en los primeros evangelios, y que además estaban plagados de supersticiones y leyendas increíbles, fueron prohibidos y se ordenó su destrucción. Con todo y con eso, los textos venerados por las comunidades escindidas del culto niceno seguirán conservándose y divulgándose lejos de la mirada de Roma. Muchos de los apócrifos que deambulaban por Siria y Egipto encontraron un nuevo asentamiento en Etiopía y Arabia, integrándose y formando parte, incluso en la actualidad, de la espiritualidad de aquellas comunidades.

A pesar de no ser historiador, san Jerónimo realizará una titánica y escrupulosa tarea de aproximación histórica, limpiando al cristianismo en ciernes de leyendas ajenas y mitos tardíos a la que pudo haber sido la biografía original de Jesús de Nazaret. Uno de los textos apócrifos que deambularon por la Arabia preislámica fue el Evangelio de Pseudo-Mateo, un libro datado en el siglo IV procedente de Egipto y descartado, no solo por san Jerónimo, sino también por Cromacio de Aquilea y Heliodoro de Trica, el cual relata el nacimiento y la infancia de María, su matrimonio con José el Carpintero, la anunciación de Jesús, su nacimiento en una gruta en Belén y el posterior exilio de la sagrada familia a Egipto huyendo del rey Herodes. Una lectura somera del mismo basta para descubrir toda una serie de irregularidades históricas dispuestas únicamente a vindicar el poder sobrenatural del niño Jesús, así como la perpetua virginidad de María, la cual parece ser que no sangró durante el parto, por lo que habría sido virgen antes, durante e incluso después de dar a luz a su hijo Jesús, algo que oportunamente venía a consolidar uno de los dogmas más discutidos de la época.

Mezclando verdades y mentiras, el autor o autores del texto, como después sucederá con el Corán, mostrarán un pronunciado desconocimiento de las tradiciones judaicas en las que Jesús fue criado y educado, así como una total ignorancia incluso de la vida de quien se quisieron hacer pasar. Y es que no solo el lenguaje utilizado para la redacción del texto no es propio del siglo primero, sino que además pretende hacer que Jesús parezca un héroe romano o griego, otorgándole poderes sobrenaturales como el de hablar cuando tenía dos años para ahuyentar a unos dragones que intentaron atacar a su madre, a los cuales reprenderá para que no lastimasen tampoco a los seres humanos, volviéndose luego a sus padres para pedirles que no lo traten como a un niño, ya que él siempre había sido un hombre hecho y derecho a pesar de su edad. Algo más adelante, María se sentirá agotada y buscará refugio a la sombra de una palmera. En la mitología egipcia, la diosa Nut alumbraba cada día al sol bajo un sicomoro. Jesús, en este evangelio, se convertirá en una deidad solar y María pasará a ser la madre del sol. A partir de ese momento, la tradición copta asegurará que la misma palmera donde Nut solía dar a luz al disco solar fue utilizada por María para descansar en su descenso a Egipto huyendo del rey Herodes.

A la muerte de Herodes, tal como asegura el Evangelio de Mateo, la sagrada familia regresará a Israel, instalándose en Nazaret, donde el niño Jesús, con cuatro años, se dedicará a hacer algunos hoyos en la ribera del Jordán para que se llenen de agua. Cabe destacar que el Jordán se encuentra a unos 40 kilómetros de Nazaret; algo que evidentemente el redactor del texto desconocía. Uno de los niños, lleno de envidia, se dedicará a destrozar dichos hoyos, por lo que Jesús acabará maldiciéndolo y el pequeño caerá muerto inmediatamente. Debido a las quejas de sus padres, la Virgen intercederá por el infante fallecido hasta que el caprichoso hijo de Dios acceda de mala gana a devolverle la vida. Más adelante encontramos al joven dictador haciendo pájaros en sábado con el barro de los hoyos que había excavado, por lo que los judíos se quejarán a José, quien reprenderá a su hijo antes de que el niño dé una palmada al aire y los pájaros cobren vida y echen a volar.

A pesar de lo increíble y absurdo del relato apócrifo, Mahoma lo utilizará para elaborar su biografía de Jesús, cifrándola así en el Corán, un libro que, a tenor de lo que estamos viendo, cada vez parece ser más humano y menos divino; lo que no es óbice para que muchos fanáticos todavía sigan considerándolo un libro de historia... La cristología mahometana empezará en la sura 19, donde encontramos un escueto esbozo del nacimiento de Juan Bautista semejante a lo relatado por Lucas en su evangelio. Seguidamente nos toparemos con la anunciación de Gabriel a María. No obstante, como viene siendo habitual, tendremos que saltar de capítulo en capítulo para conocer más acerca de la joven madre de Jesús. La sura 3 menciona que María era hija de Imram —Joaquín—, un nombre que no viene en la Biblia y que conocemos ya que es mencionado en el Evangelio de Pseudo-Mateo. Siguiendo el hilo del apócrifo, los ángeles se dedicarán a servir a la niña todo tipo de manjares. Así, con total desvergüenza, Mahoma pondrá en boca de Dios la siguiente frase: «Estas son noticias que te inspiramos procedentes del no-visto. Tú no estabas allí cuando ellos echaron a suerte con sus flechas quién sería el tutor de María. Ni estabas allí cuando discutían...» (Corán 3; 44).

Como era de esperar, este pasaje es extraído del Evangelio de Pseudo-Mateo, el cual relata cómo la muchacha, llegando a la pubertad, fue echada a suertes para ver quién se encargaba de su guarda y custodia, cayendo la responsabilidad en un hombre viudo llamado José.

Volviendo al Corán, cuando llegó el día de alumbrar a su hijo, María se retirará a la sombra de una palmera y regresará a su ciudad con un niño de pecho que sin embargo podía hablar perfectamente, el cual confirmará que su madre no era una adúltera, e incluso que él mismo era un mensajero de Dios.

A los pocos años creará figurillas de aves a las que dará vida, sanará a los leprosos y curará a los enfermos, por lo que los judíos querrán matarlo.

Desafortunadamente, Allah, Gabriel o Mahoma no conocieron que el evangelio en el que se estaban basando para decir que María fue echada a suertes entre los sacerdotes de Jerusalén, que los ángeles le servían comida procedente el cielo, que Jesús habló siendo pequeño, y que además hizo pájaros de barro, es demasiado tardío como para que ningún historiador serio le otorgue la más mínima credibilidad, asimilando además en la figura del Mesías, y de su madre, hazañas paganas del niño etrusco Tages, de la diosa Isis y de Nut.

Si los hagiógrafos del islam fueron muy escrupulosos a la hora de rechazar tradiciones y dichos de Mahoma cuyos trasmisores no eran de confianza, esta medida sin embargo no la veremos en su profeta cuando se hizo eco en el Corán de todas las supersticiones ignorantes que recopiló acerca de Jesús de Nazaret.

Pero tenemos que volver a saltar de capítulo —esta vez a la sura 5— para conocer que los apóstoles pidieron a Jesús que hiciera descender del cielo una mesa servida de viandas como única condición para creer en él. Este hecho no se encuentra ni en el Nuevo Testamento ni en los evangelios apócrifos, por lo que parece ser más bien una mala interpretación de un evento que tuvo como protagonista a Pedro mientras se encontraba alojado en la casa de Simón el Curtidor. Cuenta Lucas en Hechos de los Apóstoles que, cuando Pedro subió a la terraza, tuvo una visión. Vio un mantel descendiendo del cielo conteniendo muchos animales, entre ellos algunos considerados impuros por la ley mosaica, y que oyó una voz que le dijo: «¡Come!». Por este motivo, los cristianos, desde aquel momento, se vieron liberados de las restricciones alimenticias hebreas.

Regresando de nuevo al libro sagrado del islam, la historia de Jesús acabará con una declaración tácita:

> Pero los que creyeron que lo mataron, ¡no es así! No lo mataron ni lo crucificaron. Y los que discrepan sobre él no tienen ningún conocimiento de lo que pasó, solo siguen con-

jeturas, pues con toda certeza que no lo mataron, sino que Allah lo elevó hacia sí». (Sura 4; 157-158)

Para los musulmanes, Jesús fue elevado corporalmente al cielo antes de ser apresado, abriéndose el techo del comedor donde estaban celebrando la última cena, por lo que todos sus discípulos pudieron ver el formidable ascenso de Cristo..., aunque ninguno lo mencione así en sus escritos, como tampoco el Corán mencionará a Roma, el auténtico enemigo de Jesús, un país extranjero que había invadido Israel por la fuerza, comprado a los sacerdotes, impuesto a un rey sin linaje —la familia de Herodes—, y cargado de impuestos a los pobres campesinos y pastores. En lugar de esto, serán los judíos los únicos culpables de los agravios sufridos por el último rey sin trono de Israel.

Recordemos, por ejemplo, que el Evangelio de Mateo comienza con una genealogía de Cristo que lo vincula con todos y cada uno de los reyes de Judea. Transcurridos algunos pasajes, el evangelista nos muestra la figura de unos magos que se presentan ante Herodes para preguntarle dónde debía nacer el rey de los judíos; lo que no deja de ser curioso, ya que en aquel momento, el rey de los judíos era él. Aquí Mateo pone en boca de unos extranjeros la denuncia clara de que Herodes no era el legítimo monarca del pueblo elegido. Toda una declaración política que los posteriores cristiano-romanos, seguidores de un visionario algo alucinado llamado Saulo de Tarso, al no saber nada de la cultura hebrea, interpretarán como un cuento piadoso al que no le darán la menor importancia. Este hecho también explicaría la huida de la Sagrada Familia a Egipto para evadirse de las tropas de Herodes; aunque a partir de ahora quizás deberíamos llamarla «Familia Real» en lugar de Sagrada Familia.

En Marcos 3:6 encontramos quiénes fueron los primeros enemigos de Jesús: ¡los herodianos! Es decir, los que apoyaban el gobierno de los sucesores de Herodes el Grande bajo adoctrinamiento romano. Según este pasaje, los fariseos y los herodianos se confabularon contra Jesús por sanar en sábado, pero ¿qué sentido tiene que los defensores del trono de Herodes el Grande se sientan ofendidos porque un exorcista itinerante realice sus curaciones en el día de reposo? ¡Ninguna! De hecho, si quisieran haberlo ajusticiado, lo habrían hecho en Galilea y no tendrían que haber esperado a prenderlo en Jerusalén. Sin duda, el hecho es llamativo, como llamativo es también que no se les mencione ya nunca más en el Nuevo Testamento, lo que nos hace sospechar que una censura afín al Imperio romano sesgó todos los pasajes donde Jesús era presentado como lo que fue: el rey de Israel, quizás bastante más parecido a Judas de Gamla, líder de los zelotes, de lo que muchos cristianos están dispuestos a admitir.

Con la conquista de Jerusalén por Nabucodonosor II y el posterior exilio y regreso del pueblo hebreo a su tierra, la descendencia de David caerá en el olvido y el país pasará a ser una satrapía persa, luego será sometido por los seleúcidas, hasta que finalmente recupere su independencia con la nueva dinastía Asmonea, descendiente de Judas Macabeo, la cual perduró hasta que Pompeyo entró en Jerusalén y conquistó el país en el año 63 a. C., poniendo en el trono a Herodes el Grande. Para legitimar su mandato, Herodes se casará con la última descendiente de los asmoneos, Mariamne, a quien asesinará junto con los dos hijos que tuvieron en común, pues temía que un día se levantasen contra él y le robasen el trono; lo que marida a la perfección con el relato de la masacre de inocentes que habría ordenado en Belén buscando al último descendiente de la casa de David.

Herodes el Grande debió ser un rey parecido a Saúl, y no solo por sus actos delirantes, sino también porque ambos persiguieron a los ungidos de Dios que pretendieron usurparles el trono. De hecho, Jesús será acusado de expulsar demonios, algo que David solía hacer con su arpa, exorcizando así a los espíritus inmundos que Dios mandaba a Saúl para atormentarlo. Si David hizo entrar a sus compañeros delante de la presencia de Yahvé en el tabernáculo, y les dio a comer los panes consagrados —los cuales únicamente podían ser consumidos por los sacerdotes—, Jesús dejará que sus discípulos arranquen espigas en sábado y comparará este episodio con el de su padre, David, demostrando así su autoridad sobre las leyes de Israel. Otro de los grandes exorcistas del Antiguo Testamento fue Salomón, a quien además se le presupone el don de la curación, el cual, según la tradición hebrea, obtendrá Jesús por derecho de sangre. Así que ya vemos que el don de la sanación y el de expulsar demonios no fue exclusivamente del Nazareno, sino que era algo que venía atribuyéndoseles a los reyes judíos de estirpe davídica, y que Jesús habría heredado y ejercido dentro de su ministerio.

Siguiendo esta línea de investigación, encontraremos otros indicios para asegurar que Jesús fue el legítimo rey de los judíos, como las bienaventuranzas, pues todas ellas tienen un destinatario común: los pobres, los oprimidos, los que lloran y los que sufren… Pero especialmente una de ellas nos pondrá sobre aviso contra el poder romano: «Bienaventurados los que son perseguidos a causa de la justicia, porque de ellos es el Reino de los Cielos» (Mateo 5:10).

Como rey de Israel, Jesús condenó la ocupación romana de su nación, como podemos ver en el pasaje donde él mismo asegura que el reino de los cielos sufre violencia y los violentos lo arrebatan, ya que, como hemos visto, Israel es en realidad el reino de los cielos. Su entrada en Jerusalén a lomos de un pollino es el cumplimiento de la profecía de Zacarías 9:9, la cual anunciaba la llegada del auténtico monarca de los hebreos.

> ¡Exulta sin freno, hija de Sion, grita de alegría, hija de Jerusalén! He aquí que viene a ti tu rey. Justo él y victorioso, humilde y montado en un asno, en un pollino, cría de asna.

Versículos después, fariseos y saduceos intentarán hacer que las autoridades lo prendan, preguntándole si deben seguir pagando los impuestos a Roma. Jesús entonces les pedirá una moneda y les enseñará la efigie del emperador, diciéndoles: «Dad al César lo que es del César y a Dios lo que es de Dios». Según la interpretación de la Iglesia, esto es un acto de sumisión al imperio, pero realmente es todo lo contrario; es un acto de rebeldía. Un rechazo de todo lo que tenía que ver con Roma.

Durante su estancia en Jerusalén, escribas y sacerdotes pretenderán que caiga en alguna de sus tretas para entregarlo a la justicia romana, algo que finalmente conseguirán.

Para los judíos había cuatro formas de aplicar la pena de muerte: lapidación, decapitación, estrangulamiento o abrasamiento. No obstante, la pena del madero era una condena romana reservada exclusivamente para los rebeldes sediciosos. Por tanto, que Jesús fuese condenado a la cruz y no a una de las cuatro anteriores ejecuciones implica que necesariamente tuvo que liderar un movimiento político que se opuso a la ocupación romana.

El sumo sacerdote Caifás entregará a Jesús al prefecto, acusándolo de ser enemigo del César, añadiendo además que, si no lo condenaba, Pilatos igualmente estaría conspirando contra Roma. Estando uno frente al otro, Pilatos le preguntará a Jesús: «¿Eres tú el rey de los judíos?». A lo que Jesús contestó: «Tú lo dices». Acto seguido, el Nazareno será cargado con el madero y condenado a la pena capital, escribiendo en el *titulus crucis* la pena por la que iba a ser ejecutado, *Iesus Nazarenus Rex Iudaeorum* [«Jesús de Nazaret, rey de los judíos»].

Si hay algo en lo que todos los historiadores están de acuerdo, incluso los ateos, es que un hombre llamado Jesús fue condenado a la pena capital del madero y ajusticiado por el procurador Poncio Pilatos en la Judea del siglo I, siendo Tiberio emperador, Antipas tetrarca y Caifás sumo sacerdote. Flavio Josefo, historiador judío asentado en Roma, dirá:

> Por este tiempo apareció Jesús, un hombre sabio, y atrajo hacia él a muchos. Pilatos, frente a la denuncia de aquellos que son los principales entre nosotros, lo condenó a la cruz, pero aquellos que lo habían amado desde el principio no lo abandonaron. La tribu de los cristianos, llamados así por él, no ha cesado de crecer desde entonces. (Antigüedades Judías 18).

El hecho de que Jesús fuese crucificado trajo más calentamientos de cabeza a sus seguidores que beneficios. Según el Antiguo Testamento, maldito de Dios era quien moría colgado de un madero (Deuteronomio 21; 23). Al haber sido Jesús ajusticiado de esa manera, y además públicamente, nadie pudo negarlo, por lo que los cristianos tuvieron que hacer una nueva revisión de las Escrituras y modificar su visión de un mesías triunfante por la figura de un mártir doliente que dará su vida por el perdón de los pecados de la humanidad.

A pesar de todas las pruebas que apuntan a la crucifixión de Jesús, Mahoma también negó este punto, asegurando que Jesús subió al segundo cielo, donde sigue esperando junto a Juan el Bautista el momento de su descenso para luchar contra el anticristo.

Por otra parte, el Corán también afirma que la Virgen María era hermana de Aarón, hermano a su vez de Moisés, por lo que de nuevo nos encontramos con algunos problemas que se cruzan entre la realidad del Jesús de la historia y la cristología del Profeta del islam. Si María dimanaba de la tribu de Levi, Jesús no habría podido ser el Mesías, como afirma el Corán, ya que el Mesías debía pertenecer a la tribu de Judá, como David, Salomón y todos los legítimos reyes de Judea. Si María estuvo casada con José, perteneciente a la casa de David, según la genealogía que encontramos en el Evangelio de Lucas, dado el carácter endogámico de la mentalidad judía de la época, su mujer también debía pertenecer a esa misma tribu. Como venimos comentando, este hecho está confirmado por la genealogía de María que encontramos en el Evangelio de Mateo, el cual la hace descendiente de David.

Según un hadiz que Muslim recogió a este respecto, Mahoma aseguraba que a las personas rectas de Israel se les otorgaban nombres de los profetas que les habían precedido; algo totalmente falso y descabellado. Cada familia judía dimana de alguno de los doce hijos de Jacob, por lo que al nombre de una persona solía seguirle el de su padre, así como el de la tribu a la que pertenecía. Decir que María era hermana de Aarón era tanto como admitir que pertenecía a la tribu de Levi, por lo que su hijo no habría podido ser el Mesías, aunque sí un sacerdote de Yahvé y haber ministrado en el templo…, algo que Jesús jamás reivindicó (más información en mi libro *Jesús no era Cristiano,* ediciones Guante Blanco): «Jesús preguntó: "¿Qué pensáis del Cristo? ¿De quién es hijo?". Le dijeron: "De David"» (Mateo 22; 42).

A diferencia de Mahoma, Jesús no torturó a nadie, sino que fue torturado. No dejó paralítico a nadie, sino que levantó a los imposibilitados de la silla. No dejó ciego a nadie, sino que les restauró la vista. Y por supuesto no mató de nadie, sino que les devolvió la vida, perdonando a sus enemigos sin clamar venganza por las villanías que estaba sufriendo incluso colgado del madero. Jesús convirtió al iracundo Dios de Moisés en un Padre amoroso, algo que Mahoma no pudo comprender, de ahí que intentara restaurar la imagen de esa deidad constantemente enfadada a la cual había que temer. Puede que la teología del amor de Jesús sea el mayor avance en la historia de la humanidad, aunque no podemos negar que, al igual que el Nazareno, Mahoma sacó a Dios del sanctasanctórum del templo, donde unos pocos quisieron encerrarlo, para ponerlo en la cotidianidad de la vida del creyente.

> Esta mañana le dije al párroco de mi barrio.
> —Acabo de encontrarme con Jesús.
> —¿Y qué, te ha dicho algo? —preguntó él.
> —Que tenía hambre.
> —¡Que tenía hambre! ¿Y tú qué has hecho? —volvió a preguntar.
> —Le he dado una moneda.
> —Pero, Manuel, ese hombre no era Jesús, sino un mendigo.
> —Pero padre —dije yo—, ¿qué diferencia hay?
>
> (*La Taberna del Derviche*)

«Porque tuve hambre y me disteis de comer». (Mateo 25; 35)

El Evangelio de Bernabé

«El que dice una mentira, no sabe qué tarea ha asumido, porque se verá obligado a inventar veinte más para sostener la certeza de la primera.» Alexander Pope.

Aunque los padres patrísticos lo nombran en alguno de sus escritos, no será hasta el siglo XVII cuando se tenga constancia del supuesto contenido del Evangelio de Bernabé debido a que los musulmanes se empeñarán en difundirlo por toda Europa sin poner el debido cuidado en lo que estaban haciendo. Y es que, conociendo el autor de la estafa la existencia del evangelio perdido original, tratará de hacer pasar su obra por aquella sin poner demasiado cuidado en ocultar sus numerosos errores.

Como en los apócrifos cristianos, el ensayista irá narrando la vida de un hombre que se ajustará a su visión de la realidad; en este caso nos presentará a un Jesús sumamente islamizado. Empero, demostrará no solo su ignorancia en cuanto a la vida y obra del Mesías cristiano, sino también, lo que es más grave, el desconocimiento de su propia religión, negando entre otras cosas que Jesús sea el Mesías, como asegura el noble Corán.

En el Evangelio mahometano de Bernabé encontramos al profeta de Nazaret rezando cinco veces al día en los tiempos indicados para el *salat* islámico, aunque ese número de oraciones en esos determinados momentos se estableciesen, según la

Sunna, gracias a la intercesión de Muhammad ante Allah seiscientos años después de la muerte y resurrección de Jesús.

El estilo del relato contiene giros lingüísticos modernos, así como toda una serie de retahílas que el islam ya había asimilado a la hora de nombrar tanto a Dios como a sus profetas. Además, igual que la narración coránica de los pájaros de barro, comete el error de asegurar que la villa de Nazaret tenía puerto, estando, como hemos dicho, a decenas de kilómetros tanto del Jordán como del mar de Galilea.

En este descabellado cuentecito, Allah eleva hacia sí el espíritu de Jesús y pone en su lugar el espíritu de Judas Iscariote para que los romanos lo crucifiquen en su lugar, una leyenda parecida a la que promovió el gnóstico Basílides hacia el año 130 d. C., quien divulgó la extravagante idea de que Jesús se cambió por Simón de Cirene camino de la cruz, y que este sería crucificado en su lugar. No obstante, sabemos que Simón de Cirene, después de ayudar a Jesús, se unió a la protoiglesia de Jerusalén, y que sus dos hijos, Alejandro y Rufo, tuvieron un papel destacado en la prédica del evangelio por todo el Mediterráneo; por no mencionar que Judas se ahorcó y que su cuerpo se desparramó en un campo a las afueras de Jerusalén que después serviría para sepultar a los paganos.

La herejía de Basílides afirmaba que este mundo estaba gobernado por el Dios de los judíos, un dios cruel y vengativo que demandaba la sangre de sus devotos, el cual se encontraba en un estrato muy por debajo de la presencia divina del Dios original, a la que el ser humano podía acceder mediante el desvelamiento o la gnosis de la existencia de esa divinidad primera que lo haría ir subiendo de cielo en cielo hasta alcanzar el trono de Dios. Por el alto nivel espiritual que obtuvo Jesús, Basílides pensaba que su muerte en la cruz no pudo producirse, ya que el Dios verdadero no lo habría permitido, llevándoselo consigo antes de que fuese ajusticiado; un modelo que después utilizaría Mahoma, no solo para argumentar que Dios salvó a Jesús de la cruz, sino también para montar su propio viaje nocturno al séptimo cielo.

Actualmente son numerosos los eruditos islámicos que defienden a capa y espada este evangelio fraudulento, creyendo a pie juntillas que Judas fue crucificado en lugar del Mesías de Nazaret, algo que no encontramos ni en el Corán ni en la Sunna.

El viaje nocturno

«Gloria a quien una noche hizo viajar a su siervo desde la mezquita inviolable hasta la mezquita más lejana, aquella cuyos alrededores hemos bendecido, para mostrarle sus signos». (Corán 17; 1)

La mente mágica de Mahoma adaptó la teología hebrea de acuerdo a lo que recordaba de las historias que habría oído recitar a Waraqah y Bahira. El islam, por tanto, renovará el mito de la creación que encontramos en el Pentateuco, reinventando la figura de Satanás —Iblis—, ya no como un espíritu al servicio del Señor, tal como afirma la tradición judía; ni tampoco como el ángel caído que asegura el cristianismo, sino como un genio —*djinn*— hecho de fuego que se negó a postrarse ante Adán cuando Dios así se lo ordenó..., a pesar de que se supone que todas las criaturas únicamente pueden postrarse ante Allah.

En el Corán encontramos que Dios creó al primer ser humano, Adán, con barro seco, y que después insufló su aliento vital en él, lo que le proporcionó la vida. Posteriormente, Adán enseñará a los ángeles el nombre de todos los animales terrestres y marítimos. Pero, por la envidia que suscitó en Iblis, este engañó no solo al hombre original, sino también a su esposa, Eva, para que ambos comiesen del fruto del Árbol de la Inmortalidad y fuesen como los ángeles; algo que Dios les había prohibido.

Este pecado originó su caída en desgracia, siendo expulsados del Paraíso Terrenal debido a su desobediencia. Desde aquel momento, la humanidad será enemiga de Satanás para siempre. No obstante, al darse cuenta de su error, tanto Adán como Eva pedirán perdón a Allah, el cual les enseñará a arar la tierra, a plantar semillas y a hornear el pan.

A diferencia de la Torah, el arrepentimiento de Adán y Eva propiciará el inmediato perdón divino, por lo que su posterior descendencia no será condenada debido al pecado de nuestros primeros padres y no se hará necesaria una eterna expiación, ni tampoco la muerte de ningún cordero que tenga que cargar con los pecados de la humanidad y su sangre sea motivo de redención. Empero, esta no será la única diferencia con respecto al relato bíblico, puesto que, según el libro del Génesis, Adán y Eva comieron el fruto del Árbol del Conocimiento, por lo que ambos serán expulsados del jardín del Edén antes de que puedan acercarse al Árbol de la Inmortalidad, coman igualmente de él y se conviertan en dioses.

El Corán advierte que, mientras Eva vivió en la tierra, dio a luz a numerosas parejas de gemelos —niño y niña—, casándose los primeros con los segundos, los terceros con los cuartos, y así sucesivamente hasta que los seres humanos poblaron la totalidad de la tierra. No obstante, aunque el Corán haya olvidado su nombre, será Caín quien, según los hadices, quiera casarse con su hermana gemela y no con la que le había tocado en suerte, motivo por el cual se enemistará con su hermano Abel. Los celos de Caín no harán sino aumentar. Tanto es así que, mientras estaban peregrinando hacia La Mecca, ambos harán un sacrificio, sin embargo únicamente el de Abel sería aceptado, lo que acabó de desquiciar a su hermano. Desde aquel momento, Caín decidirá matar a Abel golpeándolo en la cabeza con un objeto. Perpetrado el fratricidio, Dios enviará a un cuervo para que rasgue la tierra y enseñe así al homicida lo que debe hacer con el cuerpo del difunto. Caín se arrepentirá de su delito y será perdonado, empero, habrá creado una pauta de comportamiento para la humanidad que lo convertirá en el primer homicida, y por tanto, tendrá parte de responsabilidad en cualquiera de los asesinatos que la humanidad perpetre desde ese momento hasta el final de los días. A semejanza del judaísmo, el islam adoptará la ley del Talión en el canon de la *sharia.*

> Por esto les decretamos a los hijos de Israel que quien matase a alguien sin ser a cambio de otro, o por haber corrompido la tierra, sería como haber matado a la humanidad entera. Y quien lo salvara, sería como si salvase a la humanidad entera. (Corán 5; 32)

Esta aleya, que supuestamente habría descendido de la mente de Dios como una orden para el pueblo de Israel, tampoco se salvará de ser una mala interpretación de la tradición rabínica por parte de Mahoma, puesto que encontramos casi las mismas palabras en el *Talmud,* un libro de comentarios hermenéuticos de la Torah que no forma parte del Antiguo Testamento. «Quien salva una vida es como si salvase al mundo entero» (*Mishná* 4; 5).

El siguiente profeta en aparecer en el relato coránico será Noé, quien curiosamente se encontrará con los mismos problemas que tuvo Mahoma al predicar a los Quraysh, sin saber realmente cuándo Allah habla de uno y cuándo de otro. Pero lo más curioso es que, de la misma manera que las narraciones islámicas son adaptaciones de las historias bíblicas, la mitología veterotestamentaria dimana a su vez de las leyendas acadias, sumerias, egipcias y babilónicas, donde, recordemos, el pueblo de Israel estuvo preso y donde los sacerdotes tuvieron que volver a repensar las historias de sus antepasados. De hecho, la leyenda de Caín y Abel no es sino la adaptación hebrea del enfrentamiento entre Osiris y Set. Igualmente, Noé sería en realidad el rey Ziusudra.

Mahoma seguirá transformando los relatos mitológicos hebreos y contándoselos a sus conciudadanos como si fuesen verdades indiscutibles procedentes del mismísimo Dios, los cuales acabarán definitivamente por tomarlo por loco; sobre todo después de asegurar que había viajado desde La Mecca a Jerusalén, y de Jerusalén al séptimo cielo en una sola noche. Según los hadices, mientras Mahoma se encontraba durmiendo a la vera de la Kaaba junto a su tío Hamza y a su sobrino Jafar, el arcángel Gabriel lo despertó y lo montó en el Buraq, una criatura alada con cuerpo de burro y rostro de hombre, el cual lo conducirá hasta su destino no sin antes pararse a rezar en diferentes lugares como Medina, el monte Sinaí y Belén.

Durante el trayecto, el Profeta será testigo de diferentes visiones, tanto celestiales como infernales, lo que no impidió que siguiese su camino hasta llegar a Jerusalén. Una vez en la explanada del templo, se bajó del Buraq, lo amarró a una argolla que sobresalía del suelo y rezó en el lugar donde antiguamente se alzaba el sanctasanctórum del santuario de Salomón. Luego siguió a Gabriel por una escalera apoyada en la Roca Sagrada que ascendía al primer cielo, el cual estaba custodiado por fuertes ángeles, cuyo habitante era Adán. Adán jamás había seguido ninguna religión y estaba en su estado de pureza primigenia —*fitra*—. Cuando miraba a la derecha, reía por todos sus hijos honrados. Pero, cuando miraba a su izquierda, lloraba por todos aquellos que se habían extraviado. Maravillados, Mahoma y Gabriel se despidieron de Adán y subieron al segundo cielo, donde encontraron juntos a Jesús de Nazaret y a Juan el Bautista. La característica de ese lugar era la justicia y la fidelidad a Dios por encima de todo. Mientras los demás profetas moraban espiritualmente en sus respectivos paraísos, Jesús tenía su cuerpo físico completo, esperando el día de su regreso para luchar contra las fuerzas del mal que desencadenarían el Armagedón.

Tras despedirse de los profetas, los viajantes continuaron hacia el tercer cielo, donde tuvieron que esperar muchísimo tiempo. Ese lugar estaba gobernado por el patriarca José, el cual, recordemos, fue injustamente encarcelado en Egipto, y cuya característica principal era la paciencia. Mahoma diría de José que, después de Adán, era el más hermoso de todos los hombres.

Luego siguieron ascendiendo al cuarto cielo y vieron al profeta Idris —Enoch, hijo de Adán—, cuya característica principal era la sabiduría. En el quinto cielo encontraron a Aarón, el hermano de Moisés, rodeado de gente que lo escuchaba mientras recitaba bellísimas oraciones. El sexto cielo estaba presidido por Moisés, al cual encontraron sentado sobre su propia tumba suplicando el amor de Dios. Mahoma, al verlo, se admiró de que, estando tan elevado, sin embargo siguiera pensando que era poca cosa. Cuando por fin entraron en el séptimo cielo, se encontraron con Abraham, que representaba la perfecta intimidad entre la criatura y el Creador.

Inmediatamente después, el Profeta y Gabriel fueron elevados al Árbol del Loto del Último Límite, donde termina todo lo que asciende de la tierra antes de que sea detenido, y todo lo que desciende de las alturas antes de que sea detenido. Esa era la octava ascensión, el octavo firmamento, llamado Al-Kursi —el trono de Dios—, el cual estaba hecho de perla blanca. Antes de poder aproximarse al Santo de los Santos, Mahoma tuvo que bañarse en el río donde todos los pecados, pasados, presentes y futuros, eran perdonados..., su nombre era Misericordia. Después de esto, temeroso, se acercó al trono, protegido por Malik, el guardián de la última región, adonde ni siquiera Gabriel pudo acceder. Allí, parado ante la inmensidad, escuchó por fin la voz de Dios llamándolo por su nombre y encomendándole el rezo, tanto para él como para su comunidad, de cincuenta postraciones al día.

Imbuido en una semiinconsciencia, Mahoma se retirará de la presencia divina y descenderá al sexto cielo, donde Moisés le preguntará qué le había ordenado el Señor. Al saber que eran cincuenta oraciones al día, Moisés le aconsejará que suba de nuevo y le pida a Dios que rebajase el número de las plegarias, puesto que a buen seguro su pueblo no podría soportar una carga semejante. Mahoma así lo hizo, por lo que Dios le quitará cinco oraciones. Sin embargo, cuando se encontró de nuevo con Moisés, este volvió a insistirle para que subiera y le pidiera a Dios una nueva dispensa, puesto que cuarenta y cinco oraciones seguían siendo demasiadas para cualquier ser humano. De esa manera, Mahoma irá subiendo y bajando una y otra vez hasta que Allah consigne en cinco las oraciones obligatorias para el islam. Con todo, esas cinco oraciones tendrían el valor de cincuenta.

Este será el nacimiento del dogma de la intercesión de los santos y profetas frente a Allah en la religión mahometana.

De nuevo en Jerusalén, Mahoma se pondrá al frente de todos los profetas, los cuales, de alguna prodigiosa forma, habrán bajado de sus estadios espirituales para rezar detrás del apóstol árabe. De esa manera, y a pesar de la timidez de sus primeras revelaciones, donde únicamente se consideraba un mensajero más, Mahoma adoptará para sí la identidad del paráclito anunciado por Jesús en los evangelios, siendo además también el último y mejor de todos los mensajeros de Dios.

> Si me amáis, guardad mis mandamientos, y yo rogaré al Padre, y os dará otro Consolador, para que esté con vosotros para siempre: el espíritu de verdad, al cual el mundo no puede recibir, porque no le ve, ni le conoce; pero vosotros le conocéis, porque mora con vosotros, y estará en vosotros. No os dejaré huérfanos, vendré a vosotros. Todavía un poco, y el mundo no me verá más, pero vosotros me veréis. Porque yo vivo, vosotros también viviréis. En aquel día vosotros conoceréis que yo estoy en mi Padre, vosotros en mí y yo en vosotros. El que tiene mis mandamientos, y los guarda, ese es el que me ama; y el que me ama, será amado por mi Padre, y yo le amaré y me manifestaré a él. (Juan 14; 15-21)

A pesar de las conjeturas del profeta de los árabes, las diferencias entre Jesús y Mahoma son demasiado evidentes como para querer hacer pasar a uno por descendiente y heredero espiritual del otro.

Como sucediera con la herejía de Montano, las prácticas espirituales de los musulmanes se irán incrementando cada vez más. Y aunque se supone que Allah era el más compasivo y misericordioso, en el relato del viaje nocturno, será Mahoma y Moisés quienes muestren bastante más clemencia con la humanidad que el mismísimo Dios.

La intercesión ante Allah, como ya hemos mencionado, será otra de las atribuciones que Mahoma se conceda a sí mismo, asemejándose cada vez más a las costumbres, tanto católicas como paganas, que en un principio quiso combatir; es decir, la independencia y autosuficiencia de Dios en todos los asuntos.

A partir de su supuesto regreso de Jerusalén, el islam aceptará dos tipos de intercesión: una para los asuntos de este mundo y otra para el destino del creyente el día del Juicio. Sin embargo, no hemos tenido en cuenta que cualquier intento de mediación frente a la divinidad eleva naturalmente la misericordia del suplicante por encima de la supuesta clemencia del juez instructor. Por tanto, a tenor de los hechos, Dios no será ya el más misericordioso ni el más compasivo, sino Mahoma; a quien la humanidad le deberá que Allah no nos haya convertido en sus esclavos. «¿Cuántos ángeles hay en el cielo cuya intercesión no sirve de nada a menos que Allah lo autorice en favor de quien sea de su agrado?» (Corán 53; 269).

En la última década del siglo pasado, el novelista indio Salman Rushdie publicaba su novela *Los versos satánicos*, donde se hacía eco de un hecho relatado en el *Tafsir* del cronista Al Tabari, así como de cierto pasaje de la biografía del profeta Muhammad escrita por Ibn Ishaq, en la cual Satanás habría inducido a Mahoma a recitar un par de versos del Corán en los cuales se aceptaba la intercesión de las tres diosas mayores de la Arabia preislámica para poder así congraciarse con los Quraysh de La Mecca. Aunque los islamólogos sostienen que este hecho es poco probable, ya que tiene un *isnad* débil, el simple hecho de sacarlo a relucir fue suficiente para que el imán Jomeini promulgara una *fatwa* condenando a muerte al escritor, así como a todos sus colaboradores. Los versos en cuestión habrían contestado a la pregunta: «¿Qué pensáis de Al-lat, Uzza y la otra, Manat, la tercera?» (Corán 53; 19-20). A lo que Satanás habría contestado: «Ellas son tres [ángeles, aves o hijas] exaltadas, de las cuales esperamos su intercesión». Por lo que los mecanos aceptaron en ese momento inclinarse y postrarse con Mahoma durante la oración islámica. No obstante, esa misma noche, Gabriel habría reprendido al Profeta y los versos en cuestión serían extirpados tanto del Corán como de la mente de los musulmanes, cambiándolos por lo siguiente: «No son sino nombres que vosotros y vuestros padres les habéis dado. Allah no ha hecho descender nada que las autorice» (53; 23).

Aunque estamos de acuerdo en que la tradición que recoge el acontecimiento es débil, y que no casa de ninguna manera con la cosmología que nos ha llegado de Mahoma, no podemos estar seguros de que el hecho no tenga cierta base real, a pesar de que los estudiosos musulmanes se nieguen a aceptarlo debido a la presunción de infalibilidad de su profeta. Algo que, como ya hemos visto, y seguiremos viendo, es del todo falso.

Otros, aun sin atreverse a censurar el acontecimiento, argumentan que no fue Mahoma quien dijo aquellas palabras, sino que los mecanos las escucharon directamente de Satanás; por lo cual, tanto la infalibilidad del mensajero de Dios como las revelaciones del Corán no quedarían en entredicho. No obstante, si esto no fue así, ¿cómo explicar un extracto coránico que parece justificar que Satanás, en algún momento, haya metido su mano en la redacción de la palabra divina?

> Antes de ti no hemos enviado a ningún mensajero ni profeta al que no le ocurriera que, al recitar [algo inspirado], Satanás no interpusiera algo en su recitación. Pero Allah anula lo que Satanás inspira y luego Allah afirma sus signos. Él es el misericordioso, el compasivo. (Corán 52; 22)

Mahoma es un hombre que dista mucho de ser infalible, como muestra el hecho de que, mientras intentaba convencer a Walid ibn Mughira —uno de los potentados de La Meca— para que aceptase el islam, un hombre ciego llamado Ibn Umm Maktum llamara su atención anhelando con toda su alma hacerse musulmán. Sin embargo, el Profeta encontrará molesta esta intromisión, puesto que lo estaba distrayendo de sus pretensiones para con Walid, por lo que frunció el ceño y dejó al pobre hombre allí plantado sin decirle nada. No obstante, Allah reprenderá esta actitud en su mensajero —según la sura 80 del Corán—, instándolo a que deje de intentar convertir a los hombres poderosos desmereciendo la fe de los más necesitados. Algo que no solo enaltece el pundonor del dios de los musulmanes, sino también la autocrítica de su profeta, el cual no dudará en ponerse como ejemplo de lo que no había que hacerle a nadie.

Medina, un nuevo comienzo

> «No serán creyentes hasta que no te tomen como árbitro en todo lo que sea motivo de litigio entre ellos y luego no encuentren nada en sí mismos que les impida aceptar lo que les digas y se sometan por completo». (Corán 4: 65)

Con la pretensión islámica de imponer un solo dios, los Quraysh verán peligrar su negocio y su modo de vida. ¿Cómo vendrían las caravanas de peregrinos a La Mecca si sacaban a sus dioses de la Kaaba? Intentando acercar posturas, Abu Talib llamará al diálogo entre ambas facciones, lo que devendrá en una proposición de acuerdo por parte de los mecanos para que un año se adore a Allah y otro año al resto de los dioses que habitaban en la Kaaba; algo a lo que Mahoma se negará recitando la sura de los incrédulos.

> Di: «[Muhammad] Yo no adoro lo que vosotros adoráis. Vosotros no adoráis lo que yo adoro. Yo no adoraré lo que vosotros adoráis y vosotros no adoraréis lo que yo adoro. Vosotros con vuestra adoración y para mí, la mía». (Corán 109)

El empuje del mensaje de Muhammad hará que los Quraysh sientan miedo y comiencen a utilizar la violencia, no solo contra el Profeta, sino también contra los primeros musulmanes conversos, asesinando vilmente a Sumayya y Yasif, padres de Ammar, a quien también torturarán hasta que el muchacho acepte injuriar a Mahoma y se arrodille frente a Hubal. Cediendo al miedo, Ammar se someterá a la voluntad de sus captores, aunque posteriormente irá a ver al Profeta para pedirle perdón por sus actos, por lo que Mahoma lo consolará diciendo que siempre que alguien se viese obligado a ello, podía hacer lo mismo que había hecho Ammar, puesto que lo verdaderamente importante era lo que cada uno pensaba en su interior.

Con los Quraysh atentando contra las decenas de seguidores del apóstol árabe, este los enviará a Etiopía, donde el rey cristiano Armah los protegerá momentáneamente de la ira de los mecanos. Así las cosas, el año nueve de su etapa apostólica será el más aciago en la vida de Mahoma. Repentinamente morirán tanto Jadiyya como su tío Abu Talib, el único valedor que le quedaba entre los Quraysh, dejándolo solo y a merced de los adalides de La Meca, quienes no tardarán en repudiarlo mientras planeaban su asesinato. Entre tanto, seis hombres procedentes de la ciudad de Yatrib, donde estaba enterrado su padre, comenzarán a frecuentar la compañía del mensajero de Dios. Después de varias reuniones, convencidos del carácter divino del islam, aceptarán por fin convertirse a la religión del desierto y acto seguido invitarán al Profeta a marcharse con ellos para que haga de mediador entre las tribus Aws y Khazraj, cuyas disputas fratricidas venían sacudiendo Yatrib de un tiempo a esta parte. Los musulmanes, para no llamar la atención, irán abandonando La Mecca por grupos en lo que se conocerá como el año de la hégira —o exilio—, dando comienzo así al primer año del calendario musulmán.

Mahoma, huyendo de los sicarios que los Quraysh habían enviado a su casa en plena noche, será el último, junto a Abu Bakr, en salir de su ciudad natal, teniendo que adentrarse en el desierto para salvar la vida. Según la Sira, el camino hasta Yatrib fue arduo y pesado. Abu Bakr, en tensión constante, cabalgaba a derecha e izquierda, adelante y atrás, intentando cubrir todos los flancos en previsión de alguna emboscada. No obstante, Mahoma se balanceaba tranquilamente siguiendo el vaivén de su fiel montura, al Qaswa. El Profeta, confiado, miraba más allá de las colinas y de las dunas. Pero, de repente, algo a lo lejos perturbó la quietud del desierto… Un hombre en lontananza se les acercaba con paso lento y abatido. Abu Bakr reaccionó, poniéndose en guardia. El extraño caminaba con la cabeza gacha y sostenía de mala gana la correa de su carcaj, el cual arrastraba por la arena dejando un surco a su paso. En la otra mano, un poderoso arco denotaba su casta y su oficio. Su nombre era Siraqa, un valiente guerrero que se había propuesto cobrar la recompensa ofrecida por los Quraysh por la cabeza de Mahoma.

Dispuesto a acabar con él, Abu Bakr salió a su encuentro, pero Siraqa no reaccionó. Cuando estuvieron a la misma altura, la espada del compañero del Profeta amenazó al mercenario. No obstante, Siraqa, sin levantar la cabeza, tiró su arco al suelo y pidió poder acercarse al mensajero de Dios… Tenía que pedirle perdón.

Abu Bakr vaciló, pero fue inútil. Mahoma ya se encontraba a la altura del mercenario. Siraqa, que no pudo sostener la mirada del Profeta, comenzó su relato:

> ¡Oh enviado de Allah! Perdona a este gusano incrédulo que, hasta hace unos instantes, deseaba con todas sus fuerzas asesinarte para cobrar así la recompensa que pusieron tus enemigos por tu cabeza. Me encontraba la noche anterior a la vera de una hoguera, a cierta distancia de aquí, acompañado por unos mercaderes que se habían detenido para pasar la noche y descansar del viaje, cuando un jinete se nos acercó, pidió permiso para acompañarnos y, una vez acomodado, nos informó de que había visto a unas personas cruzando el desierto. «¡Quizás pueda ser Mahoma y sus acompañantes!», dijo. «Por los que han puesto una gran recompensa los ciudadanos de La Mecca». Viendo mi oportunidad, no dudé en mentirle, diciéndole que aquellas personas eran unos mercaderes que yo conocía y que se dirigían a ver a unos judíos de Yatrib con los que tenían tratos. Pero, cuando todos se durmieron, yo recogí mis enseres, monté mi camello y me dispuse a dar con vosotros. No hace mucho encontré vuestro rastro. Cuando ya podía adivinar la silueta de vuestras monturas en el horizonte, me lancé al ataque, pero mi camello tropezó

y cayó de bruces, rodando yo por el suelo junto a él. ¡Jamás en toda mi vida había sufrido una caída semejante! Siendo este un mal augurio, decidí consultar las flechas, las cuales se negaron a que siguiera con mi propósito. No haciendo caso ni de mi caída ni de las flechas, regresé a mi montura y recobré vuestro rastro, deseando sobre todo cobrar la recompensa. Pero, algunos metros más adelante, mi camello fue aminorando su ritmo a pesar de mis fuertes golpes, hasta que finalmente se paró. De repente, sus patas empezaron a hundirse en el suelo, lo que acabó de maravillarme, pues conozco este desierto como la palma de mi mano y nunca descubrí por estos alrededores arenas movedizas. Sin dar crédito a lo que veían mis ojos, volví a consultar el oráculo, que volvió a recomendarme que no siguiera con mi empeño. Aunque lo tenté una vez y otra, su respuesta jamás varió. Así que, por los prodigios que he vivido, sé que en verdad Muhammad debe ser el enviado de Allah, pues no hay explicación posible para lo que me acaba de ocurrir excepto que el Señor cuida y protege de su mensajero. Por eso te pido perdón y me hago musulmán en este instante y para siempre.

Muhammad no solo perdonó a Siraqa, sino que le prometió que, para compensar los cien camellos que había dejado de cobrar por la recompensa de los Quraysh, les serían entregadas las pulseras del rey de Persia. El mercenario se extrañó de aquella promesa y no le dio mayor importancia. Años después de la muerte de Mahoma, las tropas musulmanas conquistarían Persia y las pulseras de su rey le serían entregadas a Siraqa, tal como Mahoma hubo vaticinado.

Otras tantas maravillas ocurrieron durante ese viaje, como cuando Abu Bakr y el Profeta se ocultaron durante tres días en la cueva de Az-Zaur para burlar a sus perseguidores y una araña tejió de manera prodigiosa su tela cubriendo el acceso a la gruta, lo que hizo que los mercenarios que iban tras ellos les perdieran la pista. Sin embargo, otro hadiz asegura que no fue una araña, sino las alas de los ángeles las que protegieron a los fugitivos de las miradas de los Quraysh.

> Abu Bakr dijo: «Oh Mensajero de Allah, si uno de ellos se mirara los pies, nos descubrirían». A lo que el Profeta replicó: «¿Qué piensas, oh Abu Bakr, de dos hombres que tienen con ellos a Allah por tercero?». (*Sahih Al Bujari*)

Una vez en Yatrib, Mahoma derogará la ley tribal que enfrentaba a los clanes locales, uniéndolos en una sola comunidad de fieles que ya no hará distinción entre razas, tribus, procedencia o estrato social. Será cuando Yatrib se convierta en Medinat al Nabi —la Ciudad del Profeta—, o simplemente Medina.

> A La Mecca se va a sufrir por la fe [debido al elevado número de peregrinos que la colapsan], mientras que a Medina se va a disfrutar de las delicias de la vida espiritual. (Dicho islámico)

Cuando visité la ciudad en el año 2005, me contaron que antiguamente los peregrinos que arribaban a Medina durante la noche, cuando aún no se conocía la luz eléctrica, se orientaban gracias a un particular rayo de luz que podían distinguir descendiendo del cielo hasta tocar la cúpula verde de la casa-mausoleo del enviado de Allah. Durante muchos años, esta historia fue pasando de boca en boca, de peregrinos a peregrinos, generación tras generación, hasta que la luz artificial vino a sustituir al prodigioso rayo divino y el recogimiento que solía sentirse a la vera de la mezquita del Profeta se vio alterado por los grandes edificios hoteleros que comenzaron a levantarse a su alrededor.

Hoy por hoy, Medina, además de ser la segunda ciudad más sagrada del islam, es una enorme urbe de amplias avenidas plagadas de coches que la atraviesan sin rumbo de un extremo al otro. Una ciudad a caballo entre lo espiritual y los últimos avances de la técnica. Aun así, obviando todos los inconvenientes del progreso desmesurado y del afán del hombre por crear monstruos de hormigón y transformar la faz de la tierra, Medina es Medina y siempre lo será.

En el interior del complejo funerario del apóstol de Dios se ubica el *huyrah* —la tumba—, la sala que fue su casa y que se yergue flanqueada por un enrejado verde constantemente custodiado por las autoridades saudís. La bárbara ampliación que el rey Fahd hizo en el año 1414 de la era musulmana rodea por completo el antiguo oratorio construido por el también rey Abdul Aziz en el año 1372 de la hégira, el cual a su vez rodea el que erigió Walid en el año 91; que a su vez circunvala la ampliación que hizo Uzman y agranda la que hizo Umar, sobrepasando la que hizo el mismísimo Profeta en el año 7 para restaurar la mezquita original que habría construido al lado de su casa nada más llegar a Yatrib.

Según se dice, Mahoma fue enterrado en la habitación de Aisha, su esposa más joven, y, junto a él, acompañándolo en su descanso eterno, están los restos de Abu Bakr y Umar, sus dos mejores amigos. Un hadiz relatado por Abu Musa asegura que, mientras este hombre hacía las veces de portero en la casa del mensajero de Dios, Abu Bakr llamó a la puerta. Abu Musa se apresuró a buscar a Mahoma, que se hallaba sentado al borde del pozo de su jardín, y le anunció la presencia de su amigo. Entonces el Profeta dijo: «Permítele entrar y anúnciale el Paraíso». Abu Bakr entró y se sentó a la derecha del mensajero de Dios, al borde del pozo. Luego Umar llamó a la puerta y el Profeta le dijo a Abu Musa: «Permítele entrar y anúnciale el Paraíso». Umar entró y se sentó a la izquierda del Profeta, al borde del pozo. Luego Uzman llamó a la puerta y el Profeta dijo: «Permítele entrar y anúnciale el Paraíso después de superar una gran prueba». Uzman entró y fue a sentarse enfrente del Profeta, ya que no cabía nadie más al borde del pozo. Curiosamente, en esa misma posición se encuentran hoy todas sus tumbas. La de Abu Bakr y Umar al lado del Profeta, y la de Uzman justo enfrente, en el cementerio Al Baqi.

Algunas leyendas primitivas aseguran que dentro de la cámara funeraria también se encuentra una sepultura vacía que pertenece a Jesús, en la cual será enterrado después de su segunda venida a la tierra; no obstante, esta leyenda ha caído hoy en el olvido. Incluso si preguntas a alguna autoridad en la materia, o se encoge de hombros o niega haberla oído jamás.

El mihrab —«hornacina»— donde rezaba el apóstol de Allah está situado a la derecha de lo que fue su casa. Tras su sepulcro y su mihrab se abre un pasillo divisorio llamado Muwayihat al

Sharifah, el cual separa el *huyrah* de la pared sur de la mezquita y corre paralelo a esta. El camino hacia la tumba del Profeta comienza en una puerta abierta al final del muro orientado al este, recorre meridionalmente la parte sur del complejo y deja a la izquierda el antiguo mirhab para llegar directamente frente al *huyrah*. Una vez alcanzados los límites de las rejas que protegen el complejo funerario, se levanta una pequeña pared de mármol, de no más de un metro de altura, que separa a los fieles del enrejado. El lugar exacto de la tumba del mensajero de Dios está marcado por un pequeño agujero rodeado de una cubierta dorada que lo distingue de las otras dos hornacinas que señalan los sepulcros de Abu Bakr y Umar respectivamente. Conforme a la tradición, el pasar frente al panteón, los musulmanes suelen ofrecer su saludo al círculo dorado. «Quien pase frente a mi tumba y me salude, yo le devolveré el saludo allá donde me encuentre» (Hadiz).

Con el gobierno político, militar y religioso de Medina, Mahoma verá reforzada su posición y se atreverá a ordenar pequeñas razias contra las caravanas de los Quraysh que pasaban por sus fronteras en represalia por las incautaciones de los bienes que los musulmanes se habían visto obligados a abandonar cuando salieron huyendo de La Mecca. Uno de los primeros enfrentamientos armados, sin embargo, escandalizará incluso a los habitantes de Medina, ya que se produjo durante uno de los meses sagrados para los árabes, algo que Mahoma solucionará con una oportuna revelación en la que Dios permitió que se cobrasen venganza.

> Te preguntan si se puede combatir durante los meses inviolables, di: «Hacerlo es grave, pero peor es que se prohíba el islam, que se aparte a los musulmanes de la mezquita inviolable y que se expulse a los que están allí. La oposición a la religión es más grave que matar». (Sura 2; 217)

Cuando Mahoma vivía en La Mecca no se cansaba de repetir que no quería ningún salario por su apostolado (sura 6; 90. 10; 72. 11; 29…), algo que en Medina dará un giro de ciento ochenta grados con la incautación de los botines de guerra, de los cuales había que reservar un quinto para Allah y su mensajero (sura 8; 41). Además, si alguien quería consultarle algún asunto, el Corán recomendaba que fuesen acompañados por alguna dádiva. Aunque también es cierto que, según los hadices, todos estos bienes eran repartidos entre los pobres, y que Mahoma nunca se iba a dormir sin haber distribuido lo que tenía entre los huérfanos y las viudas.

> Vosotros que creéis, cuando queráis tener una conversación a solas con el mensajero, hacedla preceder de una limosna. Es mejor para vosotros y más puro. Si no podéis, Dios es Indulgente, Misericordioso. (Sura 58; 12)

Las sucesivas escaramuzas contra las caravanas que subían y bajaban de Egipto alcanzarán su máxima belicosidad en la batalla de Badr. A principios de marzo del año 624 d. C., el profeta Muhammad tendrá conocimiento de que una caravana cargada de valiosas mercancías regresaba de Siria comandada por Abu Sufyan —uno de sus primos—, el cual además era también uno de los cabecillas que planearon su intento de asesinato, así como el máximo responsable de la muerte de Sumayya y Yasif. Temiéndose lo peor, Abu Sufyan, antes de pasar por los territorios de las huestes islámicas, pidió ayuda a los Quraysh, los cuales le enviarán un ejército de al menos mil hombres. Así las cosas, cuando el Profeta supo que se acercaba dicho regimiento, llamó por primera vez a la yihad. Al igual que el judaísmo —Levítico 26; 7—, Mahoma ordenará la guerra santa para preservar y propagar el islam.

Algunos eruditos modernos, basándose en un hadiz de Jabir ibn Abdullah, han dividido la yihad en dos partes: la yihad menor, que consistiría en luchar contra las pasiones y los susurros de Satanás; y la yihad mayor, que tendría que ver con acudir al combate para acabar con los enemigos del islam. No obstante, en el Corán nunca aparece la palabra *yihad*, que significa literalmente «esforzarse», sino *qital*, que quiere decir «luchar»; por lo que la lectura anterior debería ser puesta en duda, toda vez que numerosos hadices aseguran que «el Paraíso se encuentra bajo la sombra de las espadas», y que «quien muera sin haber combatido en la yihad, e incluso quien no haya puesto la intención de hacerlo, muere con una de las características del hipócrita». Empero, no deberíamos olvidar que si Dios nos pide que matemos, no es Dios, sino otra cosa..., puesto que Dios es el dueño de toda vida. «Combatid a los idólatras con vuestro dinero, con vuestras personas y con vuestras lenguas» (*Lo más granado de los jardines de los justos*).

De buenas a primeras, la doctrina mahometana se volverá tremendamente irascible, violenta y universalista, proclamando la lucha contra los infieles como un deber para todo buen creyente.

> Se os ha prescrito que combatáis —contra el infiel— aunque no os guste. Puede que os desagrade algo que es un bien para vosotros y os guste algo que sea malo. Allah sabe y vosotros no. (Sura 2; 216)

Previendo que podrían caer en una emboscada a dos bandas, Mahoma decidirá no atacar la caravana mercantil y esperar con trescientos hombres en Badr el encuentro de ambas facciones. Así, el día 13 de marzo, cuando la caravana llegó al lugar indicado y se juntó con el ejército mecano, el confrontamiento no se hizo esperar. Como era costumbre, primero lucharon tres campeones de ambos bandos: Hamza —tío de Mahoma—, Ali —su primo— y Ubaydah ibn al Harith, los cuales ganaron sus respectivos combates sin mayor dificultad, lo que produjo una gran inestabilidad en el regimiento mecano. El inmediato cruce de flechas, sin embargo, no dejó tiempo para celebrar ninguna victoria. La estrategia de Mahoma era evitar el cuerpo a cuerpo en la medida que las flechas siguieran causando importantes bajas entre los Quraysh. El repliegue de las fuerzas enemigas exaltó aún más el celo de los musulmanes, que tan solo habían perdido a catorce hombres y ahora pensaban que los ángeles descendían del cielo montados sobre caballos blancos para luchar a su lado mientras ellos se dedicaban a capturar prisioneros y a recolectar botines de guerra. Con aquella victoria, Mahoma vigorizará aún más su imagen como profeta, confiriéndole poder y fama no solo entre los habitantes más díscolos de Medina, sino en la plena totalidad de los territorios de la península arábiga.

> Es cierto que Allah os ayudó en Badr, aunque estabais en inferioridad de condiciones. Así pues, temed a Allah y sed agradecidos. Cuando dijiste a los creyentes: «¿No os basta con que vuestro Señor os haya auxiliado, haciendo descender tres mil ángeles?». (Corán 3; 122-123)

Aunque muchos rehenes fueron devueltos a sus casas previo pago de algún rescate, Nadr ibn Harith sería decapitado por orden del apóstol de Allah a causa de las poesías y chistecillos que tanto él como su familia habían compuesto y divulgado para burlarse de Mahoma. La misma suerte correría Uqba ibn Abu Muayt, a quien el Profeta no le perdonó que le arrojara encima las entrañas de una camella muerta mientras estaba rezando a la vera de la Kaaba. Kab ibn al Ashraf, el líder de los Banu Nadir —una de las tres tribus judías que se asentaban en Medina—, sería el siguiente en perder la vida por orden directa del adalid de los creyentes, cuyo único delito fue lamentar la ejecución del resto de los prisioneros capturados en Badr. Empero, no será esta la primera vez que Mahoma se muestre inmisericorde con sus detractores. Idéntica suerte corrieron meses antes tanto Asma bin Marwan como el poeta Abu Afak, siguiéndole más tarde el trovador Abu Rafi ibn Abi Al-Huqaiq, los cuales encontraron en la religión en ciernes motivos para hacer toda clase de poemas satíricos.

A medida que el apóstol de Dios fue acumulando poder, ya no necesitó que Allah maldijese a sus enemigos en el Corán, puesto que una orden suya bastaba para que alguno de sus lacayos no dudase en asesinar a todo aquel que se atreviese a burlarse de él e incluso a llevarle la contraria. La lista de asesinatos ordenados por Mahoma irá creciendo sobre todo entre los judíos y los paganos cultos, los cuales verán en sus pantomimas sobrenaturales una estafa de la que alertar a la población más vulnerable. Y es que los primeros en convertirse al islam eran en su mayoría gente iletrada, humilde, pobre, pero sobre todo crédula. Mahoma verá su gran oportunidad en personas cuya voz nunca antes había sido escuchada, pero que sin embargo, junto a él, ahora podían acercarse a Dios y exponerle sus preguntas. Dudas para las cuales el mismísimo Señor del universo les daba la oportuna respuesta.

> Un hombre rico pasó cerca del Profeta y él dijo: «¿Qué pensáis de este?». Entonces sus compañeros contestaron: «Es alguien que si pide a una mujer en matrimonio, se la darán. Que si intercede por alguien, su intercesión se acepta. Y que cuando habla, es escuchado». El Profeta calló hasta que vio pasar a uno de los más pobres entre los musulmanes. «¿Y qué pensáis de este otro?». Preguntó a sus compañeros. «Este es alguien que si pide a una mujer en matrimonio, nadie se la da. Que si intercede, no se acepta su palabra. Y que cuando habla, nadie le escucha». Oyendo esto, el mensajero de Dios dijo: «Pues yo os digo que este hombre es mejor que la tierra llena de gente como el otro». (*Sahih Bujari*)

Con todo, la réplica de los mecanos no se hizo esperar, y al año siguiente Abu Sufyan subió con un ejército de tres mil hombres y se atrincheró cerca del monte Uhud, a pocos kilómetros de Medina. La premura del ataque no dio tiempo a que los musulmanes estableciesen un plan de defensa, por lo que no les quedó más remedio que salir al encuentro del enemigo únicamente con mil efectivos, de los cuales trescientos se darían la vuelta convencidos de que no se produciría ninguna batalla y que ambas partes llegarían a un acuerdo de paz.

A pesar de su escaso número, Mahoma ordenará a los menores de quince años que se vuelvan a sus casas antes de que todo se precipitase y la llanura de Uhud se convirtiese en un campo de sangre. Ali, Hamza y Abu Dayynah lideraron el ataque contra los paganos, una contienda que sin embargo le costaría la vida al tío del Profeta, el cual sería asaeteado por el mercenario abisinio Washi, a quien la mujer de Abu Sufyan había contratado para asesinarlo, cobrándose así venganza por la muerte de su padre, de su hermano y de su hijo en la contienda de Badr.

La furia de los musulmanes hizo retroceder al enemigo, lo que algunos tomaron por el fin de la batalla, abandonando sus posiciones para ir a recoger las armas y enseres de los enemigos caídos. El abandono de sus lugares defensivos abrirá una brecha en la retaguardia que los mecanos aprovecharán para asestar un golpe de efecto a las tropas medinesas. Asimismo, la caída de Musab Ibn Umayr, muy parecido físicamente al mensajero de Dios, haría correr el rumor de que Mahoma había sido asesinado, lo que hará que el grueso de la defensa musulmana busque resguardo en una de las colinas del monte, alcanzando así una posición privilegiada lejos del campo de batalla.

Con todo, aunque Mahoma no había muerto, sí que fue víctima de varios golpes que lo arrastraron hasta un pozo de donde Ali pudo sacarlo milagrosamente con vida y subirlo a la ladera de Uhud, desde donde los musulmanes tuvieron que contemplar las atrocidades que los mecanos hacían con los cuerpos sin vida de sus héroes. El vientre del tío del Profeta fue abierto para que Hind le sacase el hígado y se lo comiera a mordiscos. Unos espeluznantes collares con trozos de los cadáveres eran lucidos con gran orgullo por las mujeres Quraysh en su camino de regreso a La Mecca.

Una vez replegado el ejército invasor, el Profeta mandó un centenar de soldados en persecución de los mecanos como demostración de que los medineses nunca dieron por perdida la batalla de Uhud. Muhammad ordenó a los que habían salido persiguiendo a los Quraysh que, cuando cayese la noche, formasen hogueras muy alejadas unas de otras para que el enemigo, al ver la gran distancia que había entre ellas, pensara que un gran ejército les venía persiguiendo, por lo que los Quraysh se apresuraron a llegar a La Mecca lo más rápidamente posible.

La derrota de Uhud restó cierto poder y credibilidad al apóstol de Dios, el cual se apresuró a hacer descender una aleya donde Allah advertía a los que dudaban: «No penséis que aquellos que han caído por Dios, han muerto. ¡Al contrario! Ellos están vivos junto a su Señor» (Corán 3; 169). También aseguró que los espíritus de los muertos en Uhud se habían convertido en pájaros verdes que bebían de los ríos del Paraíso, los cuales se quejaban únicamente de que sus hermanos en la tierra no conocieran el placer de luchar en cualquier batalla en favor de Allah y su Profeta.

No obstante, cuando muchos creyentes preguntaron por qué en aquella ocasión Allah no había hecho bajar a sus ángeles para apoyarles, Mahoma contestó que así era como Allah probaba a los verdaderos musulmanes de los hipócritas, lo que nuevamente lo encumbrará a lo más alto del poder de Medina. Sin embargo, ni las riquezas, ni los botines de guerra, ni la promesa del Paraíso, haría olvidar a la gente el horror de tener que matar, y de ver además cómo morían sus seres queridos en una guerra que, antes de la llegada del Profeta a Medina, jamás se habrían imaginado ni querido, por lo que también el apóstol de los creyentes tendrá que hacer descender la siguiente aleya para liberar a los musulmanes del acuciante sentimiento de culpa:

> Creyentes, cuando os encontréis con los incrédulos en formación de batalla, no les deis la espalda. Quien dé la espalda ese día, a no ser que sea para cambiar de puesto en la batalla o para unirse a otro regimiento, atraerá el castigo de Allah y su final será el infierno. No fuisteis vosotros quienes los matasteis, sino Allah quien los mató. Ni tirabas tú cuando tirabas tu arco, sino que era que Allah quien tiraba para probar a los creyentes con una prueba procedente de él. (Sura 8; 15-17)

Desafortunadamente, serán estos últimos versos los que algunos grupos extremistas podrán en alza, justificando así el terrorismo. Con todo y con eso, ese no es el islam que yo conozco. En mis decenas de viajes por numerosos países islámicos, al saber que era converso, muchas personas me abrían las puertas de sus casas, invitándome a comer, rezar e incluso a dormir con ellos a cambio de que les contara mi historia. Y cuando lo hacía, algunos no eran capaces de reprimir las lágrimas y otros me abrazaban como a un verdadero hermano. ¡Buenas personas que vivían una religión de paz con toda su alma! Mi islam, como el de la mayoría de los musulmanes, es sinónimo de paz, de amor y de una búsqueda incansable de Dios a través de la oración, del ayuno y del constante recuerdo de Allah. La mayoría de personas decentes no buscan en el Corán una justificación que les permita odiar a quienes no piensan igual que ellos, y si la encuentran, sencillamente pasan de largo. En cada supuesto libro sagrado que la humanidad ha encumbrado hay versos incómodos para un corazón sencillo que anhela la sencillez de la paz. Sin embargo, esto no siempre es así... Recuerdo que meses después de los atentados del 11-M, un joven vino a la mezquita que yo frecuentaba, deseando hacerse musulmán. Aunque decía no haber leído el Corán, a todos nos agradó su buena disposición, así que el imán, tras explicarle los pilares de nuestra fe, lo acompañó en su recitación de la *shahada*. Pero, para mi sorpresa, al cabo de dos semanas, el joven ya se paseaba por la mezquita diciendo que todos los «infieles» merecían la muerte. Aunque algunos tratamos de hablar con él, fue inútil. Yo le pregunté si por fin había leído el Corán, pero me dijo que no. Le pregunté si ya se sabía de memoria la sura Al-Fatiha, Ijlas, así como los versos de protección, pero me dijo que tampoco. Le pregunté también si se levantaba al amanecer para hacer la oración, y bajó la cabeza. Aquel chico, movido por alguna clase de enfermedad que anidaba en su corazón, se había acercado al islam no para honrar a Dios, sino para alimentar y justificar sus propios demonios. Como era de esperar, al cabo de unos meses, viendo que nadie le hacíamos caso, abandonó nuestra mezquita y abandonó también el islam.

Con el tiempo me he cruzado con miles de personas infectadas por el mismo virus y aquejadas por la misma enfermedad. Gente que no ha querido comprender lo que significa que Dios es el más compasivo y el más misericordioso. Personas que no han sabido entender que el musulmán debe someterse por completo a la idea de que Allah es esa compasión y esa bondad, puesto que su misericordia, como afirma un hadiz Qudsi —directamente inspirado—, es muy superior a su ira. «Los sacerdotes que entregaron a Jesús a los romanos también rezaban a Dios» (*Jesús no era Cristiano.* Ediciones Guante Blanco).

Cuando un musulmán entra en una mezquita, se encuentra frente a sí una pared que no contiene nada. Un vacío que deberá llenar con lo que lleva en su propio corazón. No obstante, debe tener cuidado, porque eso que lleva en su interior dirigirá el resto de su vida… Si recordamos el relato del Viaje Nocturno, antes de poder subir a los Siete Cielos, Mahoma tuvo que dejar al Buraq amarrado en la tierra. Esa criatura es un símbolo del ego, de todo aquello que, como no pertenece al cielo, no es aceptado en el Paraíso. Por tanto, si no hemos sabido dominar nuestros instintos más bajos, incluso la Palabra de Dios, expresada por nuestras bocas, sonará como el roznar de un burro.

> Le preguntó un discípulo a su maestro: «Señor, ¿por qué debo deshacerme primero del ego si quiero conocer a Dios?». A lo que el anciano contestó: «Porque, hijo mío, al palacio del Rey de reyes no puedes entrar montado en un burro. ¡Debes abandonarlo en la puerta!». (*50 Cuentos Universales para sanar tu vida*. Ediciones Cydonia)

El Dios de Isaac y el Dios de Ismael

«Profeta como tú les levantaré de entre sus hermanos y pondré mis palabras en su boca y él hará todo lo que yo le mande». (Deuteronomio 18; 18)

Enamorado de las tradiciones veterotestamentarias, Mahoma prescribirá el ayuno y el lavado de algunas partes del cuerpo antes de entrar en la mezquita, donde todas las oraciones se orientarán a Jerusalén; un lugar que ya se ocupó de vincular dentro de su fantasía religiosa con el relato del viaje nocturno.

> Abdullah ibn Abbas narró: «Cuando el Profeta llegó a Medina, vio que los judíos ayunaban el día de Ashura. Entonces les preguntó: "¿Por qué hacéis esto?". A lo que respondieron: "Porque es un día bueno en el que Allah salvó a los hijos de Israel de sus enemigos. Moisés ayunaba también este día". Entonces el Profeta dijo: "Pues yo estoy más próximo a Moisés que vosotros". Y ayunó él ese día y mandó que ayunásemos también todos». (*Sahih Bujari*)

A partir de este encuentro, el islam contará entre sus pilares con la imposición de un intenso mes de ayuno en el que el creyente no podrá tomar ni siquiera un sorbo de agua mientras el sol se encuentre sobre el horizonte. Este cambio en los hábitos alimenticios naturales pasará una dura factura a los musulmanes, los cuales verán cómo su líder se irá volviendo cada vez más duro y huraño en lo concerniente a la adoración que supuestamente Allah les exigía. Deseando superar al judaísmo, en lugar de rezar tres veces al día, el islam ordenará cinco oraciones obligatorias y otras tantas supererogatorias, prohibirá comer cerdo, la carne de los animales muertos por causas naturales, beber sangre, así como la de los sacrificios inmolados a cualquier ídolo pagano.

Mahoma se encontrará en Medina con tres tribus hebreas, los Banu Nadir, los Banu Qainuqa y los Banu Qurayza. Si bien al principio intentó por todos los medios ganarse su amistad —Corán 3; 64—, estos no tuvieron ningún interés en convertirse a la nueva religión, y mucho menos en reconocerlo como el último y definitivo profeta. Eran tantos y tan grandes sus desvaríos sobre lo que supuestamente decía el Antiguo Testamento, que únicamente producía burla y escándalo entre los hebreos.

> Aisha narró que un grupo de judíos pidió permiso para ver al Profeta. Cuando estuvieron dentro de su casa, en lugar de decir «as salam aleykum» —que la paz sea contigo—, dijeron «al-sam alayk», que quiere decir que la muerte esté contigo. Entonces el Profeta contestó: «wa aleykum», que quiere decir «y con vosotros». (*Sahih Bujari*)

Ante la negativa de los israelitas a aceptar el islam, Mahoma irá cambiando de opinión con respecto a ellos, algo que veremos plasmado en el Corán, pues si bien al principio se instaba a los musulmanes a que tuvieran buenas relaciones con los seguidores del Libro —léanse cristianos y judíos—, en el último tramo del periodo medinés esas aleyas serán revocadas por una condena tajante de Dios contra todos aquellos que no se conviertan a la religión del desierto, por tanto cabría preguntarse si era Allah quien cambiaba de opinión según los acontecimientos, o si era Mahoma quien, viendo el rechazo que los hebreos sintieron hacia él, decidió, como en tantas otras ocasiones, que Dios le hiciese el trabajo sucio.

El Profeta utilizó el Corán para que Allah reprendiese al pueblo en su lugar, dado que parece que a él le daba vergüenza;

como la vez que tuvo que amonestar a sus discípulos para que no entrasen en su casa alegremente, sino que, por el contrario, respetasen su privacidad (sura 33; 53). Poco a poco, el mensajero del islam se irá convenciendo de que nunca conseguirá ser aceptado por los descendientes de Isaac, lo que progresivamente se verá también reflejado en las revelaciones coránicas, las cuales empezarán a restarle importancia a Moisés para dársela a Abraham, padre a la vez de la raza árabe y judía. Ante las chanzas de los rabinos, Mahoma los acusará de manipular la Torah, de modo que el Corán quedase como la única fuente infalible, ya que se suponía que provenía directamente de la divinidad: «Oiréis muchas cosas malas de los que han recibido la Escritura antes que vosotros, así como de los incrédulos, pero si sois pacientes y teméis a Allah, seréis recompensados» (sura 3; 186).

Y no es de extrañar que la comunidad israelita se riera a mandíbula batiente, puesto que la soberbia de Mahoma superaba con creces su conocimiento de las Sagradas Escrituras. El Corán, todavía sin terminar, no mostraba una cronología coherente con los hechos que narraba, sino que más bien parecía una amalgama de dimes y diretes que supuestamente Dios le habría dictado a su mensajero, el cual ni siquiera fue capaz de ordenarlos para que tuvieran sentido.

- El libro sagrado del islam afirma que Adán y Eva fueron creados en el Paraíso y expulsados a la Tierra, mientras que en el libro del Génesis se deduce que fueron creados en el jardín del Edén —un paraíso terrenal—, y posteriormente serán exiliados de él.
- Como ya hemos mencionado, el Corán no sabe nada del Árbol del Conocimiento, sino que lo confunde claramente con el de la Inmortalidad.
- La serpiente primigenia es igualmente desconocida para el profeta árabe, el cual solo habla de un tal Iblis, quien parece ser el culpable de todos los dramas humanos debido a su orgullo y soberbia.
- Según el judaísmo, se supone que el pecado de Eva desencadenó el sufrimiento en la humanidad, pero en el

Corán se deduce que el hombre fue creado para soportar el sufrimiento (Corán 90; 4).

- Para el legado mosaico, el linaje profético dimana de la estirpe de Isaac. No obstante, como era de esperar, para los musulmanes será su hermano Ismael quien ostente dicha bendición.
- Según la Torah, el hijo que Allah ordenó inmolar a Abraham fue Isaac, pero para los musulmanes será Ismael, quien se salvará por la aparición milagrosa de un cordero que ocupará su lugar.
- En el libro del Éxodo, es la hija del faraón quien salva de las aguas al niño Moisés, mientras que el Corán afirma que fue la esposa.
- Si el templo de Salomón fue edificado en el mismo lugar donde Dios impidió a Abraham realizar el sacrificio de su hijo Isaac, Mahoma asegurará que la Kaaba fue construida por Abraham e Ismael para honrar a Allah.

Empero, si hasta aquí ninguna de las dos religiones puede asegurar estar en posesión de la verdad absoluta, toda vez que ni Mahoma ni Moisés estuvieron presentes en el principio de los tiempos, otras meteduras de pata de Allah y de su profeta serán más fáciles de desmontar. En la sura 20; 87-96, se menciona que fue un samaritano, y no Aarón, quien construyó el becerro de oro a los pies del Sinaí, lo cual es un anacronismo aberrante, toda vez que los samaritanos nacieron después del asentamiento de los hebreos en Canaán.

Tras la muerte de Salomón, el reino que unió David volverá a dividirse y las doce tribus se separarán, quedando las de Judá y Benjamín al sur, formando el reino de Judea, y las diez restantes al norte, formando el reino de Israel. En el 721 a. C., Sargón II conquistará el reino de Israel, deportará a las diez tribus al extranjero y traerá a ciudadanos asirios para repoblar los territorios ocupados. Será el origen del pueblo samaritano. Los samaritanos, descendientes de los foráneos asentados en Galilea, y de los judíos que quedaron allí, jamás fueron aceptados por la sociedad hebrea que mantuvo puro su linaje. La repugnancia y el odio que ambas partes se profesaron está bien descrito en los evangelios. Por tanto, estamos hablando de un pueblo que surgirá al menos cuatro siglos más tarde de la conquista de Josué de las tierras de Canaán. Pero, para quienes estipulan que la palabra *samaritano* también es el gentilicio de la ciudad de Samaria, anterior a la llegada de Sargón II, deben saber que aquella fue fundada por el rey Omrí del reino de Israel, igualmente cientos de años después de la epopeya de Moisés en el monte Horeb.

Como viene sucediendo, toda oposición del judaísmo contra Mahoma será sancionada por Dios en el Corán, el cual asegurará en más de una ocasión que los hebreos son mentirosos, están malditos y tienen envidia del apóstol árabe, por lo que el día del Juicio serán castigados con el fuego del infierno, y cada vez que se les queme la piel, les crecerá otra nueva para que su dolor sea eterno (sura 4; 49-56). Algo del todo curioso para un dios que pretende ser el más clemente y misericordioso. Un dios que precisamente habría dicho siglos atrás que los judíos eran el pueblo elegido, por lo que las aleyas anteriores se enfrentan claramente con la promesa que Yahvé le hizo a Abraham: «Bendeciré a los que te bendigan y maldeciré a los que te maldigan» (Génesis 12; 3). Las mismas palabras que repetirá el profeta Balaam para referirse a Israel. Por tanto, o Dios tiene mala memoria, o estamos ante la gestación de una nueva divinidad que se hace pasar por la que sacó a los israelitas de su cautiverio en Egipto, castigando al faraón con diez terribles plagas.

La fragilidad de la teología islamita frente al mosaísmo hará que Mahoma descargue toda su ira sobre las tribus hebreas de Medina, animadversión que, como ya hemos mencionado, tendrá su eco en numerosas aleyas del Corán. Aleyas que se suponen divinas y que los musulmanes siguen recitando y memorizando día sí y día también, sembrando, incluso catorce siglos más tarde, rechazo hacia un pueblo, una nación y una cultura que Mahoma quiso convertir o aniquilar.

Hasta su desencuentro con el judaísmo medinés, los musulmanes rezaban orientados a Jerusalén, pues Mahoma se consideraba heredero de los profetas del Antiguo Testamento, cuyo nexo de unión y punto de referencia fue la celebérrima capital de los jebuseos. Con todo, en los primeros años de la hégira, un grupo de hombres partirá desde Medina hasta La Mecca con la intención de circunvalar la Kaaba. Aunque algunos seguían siendo idólatras, otros se habían convertido al islam. Fue en aquella peregrinación cuando aconteció uno de los hechos más curiosos y premonitorios dentro de la comunidad mahometana. Un hombre llamado Al Bara ibn Marar sugirió que, ya que se dirigían hacia La Mecca, la oración se hiciese mirando hacia la Kaaba en lugar de volver el rostro hacia Jerusalén. Aunque el resto de la caravana se negó a desobedecer las instrucciones del Profeta, Al Bara ibn Marar se mantuvo firme e hizo las postraciones debidas hacia donde le dictó su corazón. Sin embargo, de nuevo en Medina, Mahoma le ordenará retornar a la trayectoria original. No obstante, el apóstol árabe considerará aquella una propuesta interesante y se atreverá a cambiar de nuevo los planes de Dios utilizando para ello el cada vez menos sagrado Corán.

> Te hemos visto mirar al cielo con insistencia y vamos a darte una dirección que te satisfaga. Vuelve tu rostro hacia la mezquita inviolable [la Kaaba], y vosotros, dondequiera que estéis, volveros en dirección hacia ella. (Sura 2; 144)

Este mandato suponía una ruptura con el pueblo hebreo, asentando así las bases de una nueva religión cada vez más independiente. Una orden que sin embargo no fue comprendida del todo por los coetáneos del profeta árabe, muchos de los cuales, dudando de su honradez, se atreverán a hacer apostasía.

Con una revuelta amenazando el corazón de la comunidad mahometana, oportunamente descenderá otra aleya divina advirtiendo a los creyentes que se mantuvieran fieles a los caprichos de Mahoma, puesto que Allah los estaba poniendo a prueba para separar a los verdaderos creyentes de los hipócritas.

> Se preguntarán los hombres necios: ¿qué les apartó de la dirección hacia la que miraban? Diles: De Allah son el oriente y el occidente. Él es quien guía a quien quiere por un camino recto. De este modo hemos hecho de vosotros una comunidad de en medio, para que dierais testimonio de los hombres y el Profeta lo diera de vosotros. La direc-

> ción a la que te volvías te la dimos para ver quién seguiría al Profeta y quién se echaría atrás. Esto solo será difícil para aquellos a los que Allah no ha guiado. (Sura 2; 142-143)

En el periodo mequí, el Corán llamaba a los judíos Banu Israel, siendo esos versículos poco beligerantes; mientras que en el periodo medinés serán llamados Yahudí, simplemente judíos, y pasarán a convertirse en la principal causa de corrupción de la tierra, junto a los ateos e hipócritas. Será también durante este periodo cuando se establezca la *yiziah*, un impuesto que los no musulmanes asentados en los territorios del islam deberán pagar para asegurarse su protección; lo que sin embargo no los librará de ser considerados ciudadanos de segunda, viendo mermados sus derechos e incrementadas sus obligaciones.

Intentando eludir los asfixiantes impuestos que la comunidad mahometana impondrá a las minorías religiosas, muchos judíos y cristianos consentirán arabizarse, ya que la conversión al islam significaba poder llevar una vida digna y tranquila. La mayoría de comunidades minoritarias que todavía se asientan en territorios dominados por el islam, como los coptos en Egipto, siguen sufriendo el rechazo, la burla y la discriminación por parte de la población más fanática, cuya economía sin embargo se sustenta sobre todo por el turismo cristiano que arriba al país de los faraones para asombrarse ante las pirámides de Gizah. Y es que, cuando el islam es la religión minoritaria, los musulmanes se muestran muy pacíficos, amables y conciliadores; pero a medida que su número vaya creciendo, su espíritu conciliador irá disminuyendo.

> Por aquel que tiene mi alma en sus manos, todo judío o cristiano que oiga hablar de mí y luego muera sin creer en aquello para lo que he sido enviado, será un habitante del infierno. (Hadiz 153. *Sahih Muslim*)

Mahoma tratará de imponer su cosmovisión del mundo, no solo a los árabes, sino al mundo entero, para lo cual se atreverá a enviar emisarios a Heraclio, emperador romano de Oriente; Cosroes II, rey de Persia, así como al gobernador de Alejandría, e incluso al negus de Etiopía, el cual había sido su valedor tiempo atrás, exhortándolos a aceptar el islam. «Quien desee otra práctica de adoración que no sea el islam, no le será aceptada y en la última vida será de los perdedores» (Corán 3; 85).

Con la crispación de las comunidades hebreas a flor de piel, el ángel Gabriel supuestamente advertirá al mensajero de Dios que los judíos estaban confabulando para asesinarlo, por lo que el Profeta los reunirá en el mercado de una de las fortalezas donde habitaban y los conminará a convertirse al islam o a sufrir la misma suerte que los Quraysh en la batalla de Badr. Pese al ultimátum, los Qaynuca no se dejaron amedrentar, por lo que Mahoma ordenará un asedio contra sus casas que durará quince días hasta que finalmente acabaron rindiéndose.

A pesar de que su primera intención fue masacrarlos a todos, Abdullah Ibn Ubbay intercedió por ellos, por lo que únicamente se les expulsó de Medina, quemándose sus sembrados y confiscándoseles todos sus bienes. Curiosamente, esto es lo mismo que los Quraysh hicieron contra los primeros conversos al islam en La Mecca, y que Mahoma condenó tan enérgicamente. No obstante, otra oportuna revelación coránica justificará dicho pillaje: «Di a quienes se niegan a creer: "Seréis vencidos y conducidos al infierno. ¡Qué mal destino!"» (Corán 3; 12).

Con todo, la intercesión de Abdullah Ibn Ubbay en favor de los judíos le costará cara, ya que algunos meses después Mahoma le culpará de estar detrás de los rumores que se estaban difundiendo en contra de su mujer Aisha y de un posible adulterio de esta. Según algunos cronistas, mientras la joven se detuvo para descansar cerca de Medina, sus esclavos continuaron la marcha creyendo que ella se encontraba dentro de su palanquín, hasta que, al día siguiente, un nómada llamado Safwan la encontró en el lugar donde se había perdido y la llevó de nuevo donde estaba el Profeta. Debido a los cuchicheos de la gente, que aseguraba que Aisha y Safwan pasaron la noche juntos, Mahoma revelará gran parte de la sura 24 y ordenará la ejecución de Abdullah Ibn Ubbay, aunque acto seguido la conmutará por ochenta latigazos, temiendo que los aliados de este se volviesen en su contra.

Así las cosas, el mismo destino que los Banu Qaynuca correrán también los Banu Nadir, siendo igualmente expulsados de Medina a principios del año 625 d. C. Estos, sin embargo, antes de irse, destruirán sus casas para que no puedan ser usadas por los musulmanes, refugiándose en Jaibar, una fortaleza a noventa kilómetros de Medina, donde se unirán a las otras comunidades hebreas que aún no se habían islamizado. Desde Jaibar, los Banu Nadir harán una alianza con los mecanos, preparando una incursión en Medina para acabar con el asedio de los musulmanes. Liderados por Abu Sufyan, tanto Quraysh como Banu Nadir marcharán contra Mahoma en lo que se conocerá como la batalla del Foso, debido a que, cuando los medineses se enteraron de las intenciones de sus rivales, cavaron una enorme zanja en el lado más vulnerable de la ciudad. Huyyay ibn Akhtab, abanderando la coalición árabe-hebrea, se puso en contacto con Ka'b ibn As'ad, cabecilla de los Banu Qurayza, asentados también cerca de Medina, para pedirle que se mantuviesen neutrales o que actuasen en su favor.

El sitio a Medina durará cerca de un mes, por lo que los musulmanes tendrán que atarse piedras sobre sus estómagos para no sentir el vacío de la inanición. En un momento dado, uno de los guerreros Quraysh saltó el foso y se midió contra Ali, que acabaría con él enseguida, lo que hizo retroceder al ejército aliado, el cual también estaba sufriendo las inclemencias del asedio, por lo que finalmente decidirán regresar a Jaibar y a La Meca con el rabo entre las piernas.

Tras la retirada de los aliados, las tropas islámicas se volverán contra la fortaleza de los Banu Qurayza. Mahoma, al igual que haría Moisés con los madianitas (Números 31; 7-18), ordenará apresar y decapitar a más de ochocientos hombres, incluidos a los varones que habían llegado a la pubertad, capturando y repartiéndose a las mujeres y a los niños entre ellos como si fuesen botines de guerra. En este sentido, el Profeta tomará para sí a Rayhana, haciéndola su concubina y no su esposa, puesto que ella siempre se negó a aceptar el islam.

> Hizo bajar de sus fortificaciones a aquellos de la gente del libro que habían ayudado a los incrédulos, sembrando el

> miedo en sus corazones. A unos los matasteis y a otros los capturasteis. Os hemos hecho heredar sus casas y sus riquezas, además de una tierra que antes no habíais pisado. Allah tiene poder sobre todas las cosas. (Sura 33; 26-27)

Viéndose reforzado con otra victoria sobre sus detractores, Mahoma ordenará asesinar a todos los judíos que caigan en manos de los musulmanes, por lo que muchos medineses saldrán de sus casas como lobos hambrientos buscando a todo aquel que profesase la fe mosaica. Fue el caso de Muhayyisa, quien iría a buscar a Sunayna, un comerciante hebreo con el que solía tener tratos, y que, aunque nunca se pronunció en contra de Mahoma, gracias al anterior decreto encontrará la muerte más terrible. Este acto le será recriminado por su hermano Huwayyisa, a quien Muhayyisa contestará: «Si Mahoma me hubiera pedido que te matase a ti, también lo habría hecho». Llevado por el miedo a que descendiese una orden divina contra los paganos, Huwayyisa entrará inmediatamente al islam.

> Abdullah Ibn Umar relató que el mensajero de Dios dijo: «Combatiréis a los judíos hasta que uno de ellos se esconda tras una piedra y esta diga: "Siervo de Dios, detrás de mí hay un judío, ¡mátalo!"». (*Sahih Bujari*)

Con los judíos fuera de juego, Mahoma pondrá su mirada en los falsos conversos, ordenando igualmente su persecución y muerte, como sucederá con Al Harith ibn Suwayd. Tal como temió Huwayyisa, otra oportuna aleya instará a quitar de en medio también a los *munafiqun* (hipócritas): «Ciertamente a los que han renegado después de haber creído y han persistido, aumentando su incredulidad, a esos no se les aceptará el arrepentimiento. Ellos son los extraviados» (Corán 3; 90).

Quienes osaban discutir con Mahoma se hacían reos de la maldición de Dios y de sus ángeles, como cuando una delegación cristiana fue invitada por el Profeta a Medina para escuchar los versos concernientes a Jesús, y estos se quejaron de la inexactitud de la revelación islámica con respecto a lo narrado en los evangelios, por lo que Gabriel hará provenir un versículo donde Allah escoge a los musulmanes entre todas las demás comunidades, no por la credibilidad histórica de los relatos del Corán, sino debido a su rectitud.

> Si alguien discute contigo después del conocimiento que has recibido, di: «Venid, llamemos a vuestros hijos y a los nuestros, a vuestras mujeres y a las nuestras, reunámonos nosotros y vosotros, y luego pidamos a Allah que la maldición caiga sobre los mentirosos. Ciertamente esta es la verdadera historia de Jesús». (Sura 3; 61-62)

Otra prueba para el descrédito de Mahoma vendrá de la mano de Abdullah Ibn Sa'd, hermano del tercer califa, Uzman. Aunque al principio este hombre aceptó el islam de buen grado, su fe se vendría abajo al ser nombrado escribano del Corán. Y es que, cuando el Profeta sentía la presencia del ángel Gabriel, solía cubrirse con un manto hasta que la revelación divina le era susurrada, momento en que se la dictaba a sus notarios. Acto seguido, los escribanos se la repetían para ver si la habían entendido bien, o si por el contrario habían cometido algún error. No obstante, con ánimo de probar la certeza del Profeta, Abdullah comenzó a cambiar adrede algunas palabras que sin embargo Mahoma pasaría por alto, lo que dio lugar a un fuerte desencuentro entre ambos que acabará con Abdullah acusando al mensajero de Dios de estar inventándose las revelaciones divinas, por lo que tendrá que huir a La Mecca para salvar la vida. No obstante, cuando La Mecca fue conquistada por los musulmanes, Abdullah Ibn Sa'd, temiendo ser decapitado, entrará en la tienda del Profeta para pedirle perdón y repetir el testimonio de fe islámico. A pesar de que Mahoma se lo negó tres veces, por una serie de malentendidos, al final se verá forzado a volver a aceptarlo. Sin embargo, cuando Abdullah salió de la estancia, Mahoma miró a sus guardaespaldas y les recriminó: «¿Acaso no hay nadie inteligente entre vosotros que se haya echado sobre ese hombre para matarlo cuando yo le negué su juramento de lealtad en tres ocasiones?». A lo que sus compañeros contestaron: «No sabíamos, oh Profeta, lo que había en tu corazón».

> Narró Ikrima: «Algunos ateos fueron llevados a Ali y los quemó vivos. La noticia de este evento llegó a Ibn Abbas, quien dijo: "Si hubiese estado en su lugar, no los habría quemado, como ordenó el mensajero de Allah cuando dijo que no se ejecutase a nadie con fuego. Sino que los habría matado según la declaración del mensajero de Dios, cuando dijo: 'Quienquiera que cambie su religión islámica, entonces mátenlo'"». (*Sahih Bujari*)

En el año seis de la hégira, Mahoma decidirá hacer la peregrinación a La Kaaba aun sin la aprobación de los Quraysh, por lo que saldrá de Medina con cerca de mil cuatrocientos hombres armados, vistiendo no obstante las dos prendas a modo de mortaja que los peregrinos solían utilizar cuando se acercaban a la casa de Dios. Llegando a Hudaybiyyah, a pocos kilómetros de La Mecca, el ejército islámico acampará y Mahoma decidirá enviar emisarios a Abu Sufyan, pidiendo permiso para entrar en la ciudad santa. Tras un par de negativas y un intento de escaramuza por parte de los Quraysh, Uzman resolverá ir en persona a mediar entre ambas facciones. No obstante, llegarán noticias al campamento musulmán del asesinato de Uzman, por lo que Mahoma pedirá a sus compañeros que renueven su juramento de fidelidad para con Allah y su Profeta a la sombra de un árbol cercano (Corán 48; 18). Tras este acto, el mensajero de Dios descubrirá que Uzman seguía con vida y que regresaba al campamento acompañado de un emisario mecano llamado Suhayl ibn Amr, con el que finalmente redactarán un acuerdo de paz que obligaba a los musulmanes a no entrar en La Mecca hasta el año siguiente. Ambas partes acordarán no atacarse mutuamente durante diez años, ni atacar tampoco a los aliados de unos y otros, así como a deambular libremente por donde quisieran mientras que lo hiciesen en paz.

La firma del tratado no satisfizo a los compañeros de Mahoma, que veían una clara desventaja en aquel acuerdo. Además, un hombre llamado Abu Jandal, el cual había sido maltratado por los Quraysh por convertirse al islam, llegó al campamento musulmán pidiendo refugio y temiendo por su vida. Aunque el tratado se firmó después de su llegada, el emisario mequí exigió que Jandal fuera devuelto a La Mecca o, de lo contrario, no habría paz. Y, a pesar de las súplicas del muchacho, que no paraba de mostrar las heridas que los paganos le habían producido, así como de las protestas de Umar ibn Al-Jattab y del resto de los musulmanes, Mahoma volvió a aceptar, asegurando que Allah proveería algún medio para conseguir la libertad del reo de cualquier otra forma. Aquello supuso un fuerte desacuerdo entre el Profeta y Umar, quien llegó a decir: «Nunca dudé de la veracidad del islam excepto el día del pacto de Hudaybiyyah».

Al año siguiente, Mahoma atacará Jaibar, donde las tribus judías exiliadas de Medina se habían asentado, sitiando la ciudad y sometiendo a sus ciudadanos a unos impuestos abusivos a cambio de salvar sus vidas.

La mujer en el islam

> «Los hombres están a cargo de las mujeres en virtud de la preferencia que Allah ha dado a unos sobre las otras y en virtud de lo que ellas gastan de sus riquezas. Habrá algunas que sean rectas, obedientes, y que guarden, cuando no las vean, lo que Allah ha ordenado guardar. Pero aquellas cuya rebeldía temáis, amonestadlas, no os acostéis con ellas, pegadles, pero si os obedecen, no hagáis nada contra ellas». (Corán 4; 34)

La mayoría de historiadores afirman que no podemos juzgar el pasado con los ojos del presente, ya que nuestra evolución moral ha superado con creces la de nuestros ancestros. Empero, esta afirmación no puede aplicarse en lo que respecta al Corán y a la Sunna, toda vez que el islam asegura que su libro es la excelsa e infalible palabra de Dios y que el comportamiento de su profeta es atemporal, perfecto e insuperable.

El mito de Mahoma, como el de casi todos los líderes que la humanidad ha elevado sobre sí misma, creció exponencialmente a medida que sus seguidores fueron viendo en él un referente de conducta y de virtud. No obstante, para que podamos considerar que alguien es un ejemplo de vida, realmente debería haber tenido una conducta intachable a pesar de las inclemencias del tiempo que le tocó vivir; por tanto, cabría preguntarse si alguien que ordenó a sus adeptos repetir en cada oración: «Combatid contra aquellos que no crean en Allah ni en el último día, y no prohíban lo que Allah y su mensajero han prohibido, y no sigan la verdadera práctica de adoración, hasta que paguen la *yizia* con sumisión y acepten estar por debajo de nosotros» (Corán 9; 29); es realmente un ejemplo de virtud. Si en la actualidad algún líder, tanto político como religioso, pronunciase palabras como estas, ¿qué pensaríamos de él? ¿No sufrimos en Europa los despropósitos de alguien así a mediados del siglo pasado?

Con el tiempo, Mahoma irá cayendo en lo que anteriormente venía condenando, adoptando además para sí unos privilegios que sin embargo prohibirá al resto de los musulmanes, por lo que la aleya del Corán donde aseguraba: «Yo no quiero ser distinto de vosotros en lo que os he impedido» (11; 88), también resultará abrogada.

Según el libro sagrado del islam, después de la batalla de Uhud, muchas mujeres quedaron viudas y otras tantas niñas huérfanas, por lo que Allah prescribirá que cada musulmán podía tener hasta cuatro esposas (sura 4; 3); con la excepción de Mahoma, que podría casarse con cuantas quisiera, así como tomar cuantas concubinas desease.

> ¡Profeta! Te hacemos lícitas tus esposas, a quienes les ofreciste su correspondiente dote, a las que Allah te ha dado como botín de guerra, a las hijas de tus familiares que han emigrado contigo, así como a las que se te ofrezcan y tú las aceptes. Esto es exclusivo para ti, no para los creyentes. Sabemos lo que les hemos dado a ellos con respecto a sus esposas y a sus esclavas para que no haya falta en ti. Allah es perdonador y compasivo. (Sura 33; 50)

El islam, empero, regulará unas normas muy específicas para que la poligamia fuese permisible, como que todas las esposas estuviesen de acuerdo con los nuevos matrimonios de su marido; que cada una tuviese un hogar independiente —o al menos una estancia de igual valor y características que las demás—; así como la obligación de que el esposo permaneciese el mismo tiempo con cada una de ellas. Con todo, Mahoma también se saltará estas normas a la torera, creando para él otras bastante más inmoderadas.

> Puedes dejar [de tus esposas] para otra ocasión a la que quieras, así como llamar a la que quieras. E incluso volver a llamar a una que habías rechazado anteriormente. Esto es mejor para ellas, para que sus ojos no se entristezcan y estén satisfechas con lo que les das. (Sura 33; 51)

El temor a ser divorciada hará que su segunda mujer, Sadwa, le ceda su turno a Aisha, la esposa más joven, puesto que Mahoma la prefería a ella sobre todas las demás. Para cualquier clase de tropelía, como cuando Hafsa, otra de sus mujeres, lo encontró en la cama con una de sus esclavas, el Profeta contará con la complicidad de Allah, el cual, harto de tener que estar lidiando con los problemas del harén de su enviado, advertirá a sus esposas:

> Si os divorciara, [Mahoma] su Señor le dará esposas mejores que vosotras. Musulmanas, creyentes, benévolas y de fácil arrepentimiento, que hacen la oración y el ayuno, ya hubiesen estado casadas o fueran vírgenes. (Sura 66: 5)

Umar ibn Al-Jattab relató:

> En tres ocasiones coincidí con el criterio de mi Señor. La primera cuando deseé que el islam adoptara la estación de Abraham como lugar de oración —un pequeño espacio cerca de la Kaaba—, y al tiempo descendió una aleya confirmando mi deseo [2; 125]. La segunda cuando le recomendé al mensajero de Dios que sus esposas se cubriesen con un velo, y luego descendió la aleya que así lo ordenaba. Y la tercera cuando sus mujeres se unieron en su contra por esta causa, y yo les dije: «Si os divorciara, su Señor le dará esposas mejores que vosotras». Y luego descendió la aleya con mis mismas palabras.

La poligamia, empero, será un privilegio del que únicamente se podrán aprovechar los hombres, puesto que las mujeres, según los estudiosos árabes, no tienen tanta necesidad de sexo y no siempre están dispuestas a satisfacer sus deberes conyugales. Estos mismos eruditos aseguran que si una mujer tuviera dos maridos, el orden de la familia quedaría enfrentado entre ellos, puesto que el hombre es la cabeza de la casa, y una casa con dos cabezas estaría siempre confrontada contra sí misma. Además, la expansión demográfica sufriría un importante receso, puesto que una mujer solo puede quedarse embarazada una vez al año, pero un hombre puede dejar embarazadas a cuantas mujeres quiera.

La poliandria, así como el adulterio de las mujeres, se castigará con el encierro de las pecadoras hasta que mueran o Dios disponga algo mejor... (4; 15). Sin embargo, aquí encontramos otra curiosidad; y es que el Corán habla en este versículo de Allah en tercera persona... Pero, si se supone que el libro ha sido redactado por Dios, ¿por qué no dice: «hasta que mueran o yo disponga algo mejor»?

Deseando casarse con la mujer de su hijo adoptivo, el apóstol árabe también se cuidará mucho de hacer que el Corán le conceda semejante inmoralidad.

> Se os prohíben vuestras madres, hermanas, tías paternas, tías maternas, vuestras sobrinas, las nodrizas que os amamantaron, las mujeres a las que vuestras nodrizas amamantaron, las madres de vuestras esposas y las hijas de vuestras esposas que tengáis a cargo con las que hayáis cohabitado, pero si son hijastras con las que no habéis compartido vivienda, entonces no hay problema. Y las esposas de vuestros hijos de sangre, así como que estéis casados con dos hermanas a un tiempo. (Sura 5; 23)

Continuando con todo este despropósito, los hombres también disfrutarán en el Paraíso de todo tipo de placeres terrenales, como un vino que no provoca resaca, cualquier comida que deseen, así como numerosas jóvenes y voluptuosas vírgenes, las huríes (78; 31-33), las cuales seguirán siendo vírgenes aun después de cada acto sexual. Mientras que a la mujer le será asignado un solo hombre, el cual no tiene por qué haber sido su marido en la tierra, pero con el que quedarán satisfechas. Con todo, de esta recompensa podrán beneficiarse muy pocas mujeres, toda vez que Mahoma aseguró en un hadiz: «Narrado por Usama: "Me paré en las puertas del infierno y vi que la mayoría de las que entraban en él eran mujeres"» (*Sahih Bujari*).

Se supone que las huríes y los huríes son criaturas sin alma que Dios ha creado únicamente para complacer a los creyentes y a las creyentes; una creación bastante superficial para un profeta bastante superficial que únicamente parece estar interesado en los placeres de la carne, sin tener en cuenta la íntima comunión y complicidad que un matrimonio puede llegar a alcanzar a lo largo de su vida, mucho más valiosa y satisfactoria que el sexo. Esto, como no podría ser de otra forma, contrastará con las palabras de Jesús: «En la resurrección, nadie se casará ni se dará en casamiento, puesto que todos serán como los ángeles de Dios en el cielo» (Mateo 22; 30).

Tras la muerte de Jadiyya, los compañeros del Profeta le recomendarán que despose a Sadwa, una mujer de la misma edad que su primera esposa, la cual había aceptado el islam, emigrado a Abisinia y vuelto a La Mecca, con tan mala suerte que su esposo murió durante la travesía, dejándola a ella sola con un hijo y sin nadie que la protegiese. Aunque el Profeta igualmente quedó viudo unos días antes, no dudará en tomar a Sadwa por esposa.

A los 54 años, Mahoma se casará también con Aisha, quien, según la mayoría de hadices, relatados por ella misma, le fue prometida cuando tan solo tenía seis años, siendo el matrimonio consumado a la edad de nueve; aunque otros afirman que cuando tenía diez o doce. Empero, estos hadices son fuertemente criticados por muchos estudiosos modernos, los cuales intentan aportar toda clase de pruebas para refutar la supuesta pederastia del mensajero de Dios. Y es que, si la hermana de Aisha, Asma, tenía diez años más que ella, y murió en el año 73 de la hégira habiendo cumplido cien, Aisha, durante la hégira, tendría diecisiete.

Que estuviese prometida anteriormente con otra persona aporta credibilidad a la adolescencia de Aisha antes de su desposorio, pero que hallemos otros hadices que aseguran que ella hacía sus propias muñecas desacredita el argumento anterior, toda vez que ninguna chica de dieciséis o diecisiete años, ni siquiera en la Arabia de hace catorce siglos, habría seguido jugando con muñecas a esa edad. Por otra parte, parece curioso que únicamente se pongan en duda los hadices relatados por Aisha en los que ella misma revela su edad, pero se acepten todos los demás en los que relata su vida junto al mensajero de Dios.

La cuestión de Aisha es causa de discusión entre los islamólogos, que se reparten entre una postura y otra, ya que la edad que le hemos inferido ajustando la de Asma no tiene ninguna correlación con la que encontramos en la tradición, sin contar con el versículo del Corán que aparentemente permite la pedofilia.

> Y aquellas de vuestras mujeres que hayan llegado a la menopausia, si dudáis de su periodo de espera, este es de tres meses. Así como para la que aún no haya tenido la menstruación. (Corán 65; 4)

La *iddah* es el periodo de espera que el islam propone antes de que cualquier mujer pueda casarse, por tanto, este versículo no tiene otra interpretación aparte de la que podemos leer. Además, la práctica de los matrimonios infantiles es un hecho confirmado en algunos hadices, por lo que parece que para Mahoma era lícito no solo casarse con una niña que aún no había menstruado, sino también tener relaciones sexuales con ella.

Puede que, para los arabistas modernos, esto sea naturalmente una aberración, pero nadie puede negar que fue una costumbre que se practicaba en el marco de las primeras comunidades mahometanas, las cuales vieron con buenos ojos, y hasta recomendaban ese tipo de matrimonios, como sucedió con el califa Muawiyya I, originador de la dinastía Omeya, quien casó a su hija de nueve años con Abdullah ibn Amir, e incluso Ibad ibn Ibad, quien asegura que conoció a una joven de dieciocho años que ya tenía nietos.

Aún en pleno siglo XXI encontramos matrimonios infantiles en pueblos de Yemen, Irán, Afganistán o Nepal, como denunció la cineasta Jadiyya al Salami en 2016 con su película *Diez años y divorciada.* Basta recordar que el imán Jomeini contrajo matrimonio en 1931 con la joven Jadiyya Saqafi, la cual apenas contaba con quince años de edad, y que algunos hagiógrafos afirman que Mahoma sugería a sus compañeros que se desposasen con mujeres vírgenes en lugar de con las divorciadas o viudas.

> Jabir ibn Abdullah dijo: «Cuando me casé, el apóstol de Allah me preguntó: "¿Con quién te has casado?". Yo le contesté que con una mujer [viuda o divorciada]. Entonces él dijo: "¿Por qué no te has casado con una joven para que puedas jugar con ella y ella contigo?"». Jabir también dijo: «El mensajero me preguntó: "¿Acaso no te gustan las vírgenes y las caricias?"». (*Sahih Bujari*)

La siguiente esposa del Profeta será Hafsa bint Umar, hija también de su mejor amigo y posteriormente segundo califa del islam, Umar ibn Al-Jattab. Con diecinueve años, Hafsa había perdido a su primer esposo en la batalla de Badr, por lo que el Profeta pediría su mano, algo que reforzó aún más su relación con uno de los guerreros más temibles entre los musulmanes. Ese mismo año contraerá nupcias también con Zainab bint Juzayma, cuyo esposo fue abatido en una de las batallas contra los Quraysh. Será conocida entre los creyentes con el apodo de la Madre de los pobres debido a su gran caridad. Moriría un par de años más tarde, lo que dejó un amargo sabor en el alma de Mahoma, el cual la llevaría sobre sus hombros hasta el cementerio Al Baqi, donde fue enterrada entre lágrimas y sollozos.

Umm Salama será la sexta esposa y Madre de los creyentes. Junto a su primer marido, caído en Uhud, fueron de las primeras personas en abrazar el islam.

Zainab bint Yahsh fue la mujer de Zayd ibn Harithah, hijo adoptivo de Mahoma. Cuentan algunos relatos que el Profeta fue a visitar a Zayd y que Zainab lo recibió de manera poco decorosa, lo que hizo que el mensajero de Dios se escandalizara y se apresurara a regresar a su casa con las manos en la cabeza. Cuando Zayd se enteró de lo sucedido, resolvió divorciarse de Zainab, a quien Mahoma desposaría meses más tarde.

Ramla bint Abu Sufyan era la hija del líder de los Quraysh de La Mecca y una de las primeras mujeres en abrazar la nueva religión. Estando en Abisinia, su marido apostató del islam para aceptar el cristianismo, lo que hizo que ella se separase de él. Cuando Mahoma se enteró de esto, pidió al negus de Abisinia que los casase por poderes, para lo cual envió a Jalid ibn Said como su representante. La relación entre Ramla y Abu Sufyan no se retomó hasta que este aceptó el islam en el último periodo de la vida del Profeta.

Juwayiyya bint al Harit fue la hija del líder de los Banu Mustaliq, quienes se enfrentaron contra las tropas de Medina en los primeros años de la hégira. Habiendo sido derrotados, Juwayiyya quedó en poder de uno de los compañeros del Profeta, a quien ella suplicaría clemencia para librarse de la esclavitud. A cambio de su libertad, Mahoma le ofreció desposarse con él, a lo que ella aceptó encantada. Años más tarde, los miembros de su tribu aceptaron igualmente el islam y fueron asimismo liberados.

Tras la ofensiva de Jaibar, los musulmanes tomarían también como botines de guerra a las mujeres de las tribus judías que resistían en dicha fortaleza, incluyendo los Banu Nadir. Huyyay ibn Akhtab, líder de los hebreos, fue capturado y ejecutado tras la batalla del foso, por lo que su hija Safiyya bint Huyayy se casó con el tesorero de la tribu, Kenana ibn al Rabi. No obstante, un sueño de la joven sería interpretado por su marido como el deseo oculto de su esposa de casarse con el asesino de su padre, por lo que la golpeó fuertemente en el rostro y la divorció. Tras la caída de Jaibar, Safiyya pediría a Mahoma que se prometiese con ella, matrimonio que se consumó a los pocos meses, tras lo cual ella abrazó el islam.

> Dijo Abbas: «Después del banquete de bodas, los musulmanes se preguntaban si Safiyya era su esposa o su esclava, por lo que dijeron: "Si cuando salgan, él le ordena que se oculte, será una de las madres de los creyentes. Pero si él no le dice nada, será una concubina". Entonces, cuando el Profeta salió, se montaron en su camello y él le puso un velo para preservarla de la gente». (*Sahih Bujari*)

La última de sus esposas sería Maymuna bint al Harith, quien se casó con él tres años antes de su fallecimiento, ocupando el puesto de Zainab bint Juzayma, la Madre de los pobres. Sobreviviría hasta el califato de Muawiyya I.

Así las cosas, podemos deducir que Mahoma se casó con sus numerosas mujeres por dos principales razones: la primera, para establecer una alianza con las familias y clanes rivales, como Abu Sufyan y los Banu Mustaliq, una práctica por otro lado habitual entre los clanes de la Arabia preislámica; y la otra, para proteger y sustentar a las viudas de los caídos en combate, aunque esta política le haya costado las críticas de los historiadores laicos a través de los siglos: «Narró Anas ibn Malik que el Profeta solía tener relaciones sexuales con todas sus esposas en una noche, y en ese momento tenía nueve esposas» (*Sahih Bujari*).

Si bien el rol de la mujer en la Arabia preislámica no era en absoluto venturoso, poco hizo el islam para que su situación mejorase. Gracias a la insistencia de Umar ibn Al-Jattab, Mahoma se verá impelido a ordenar el hiyab a las mujeres. Según el *Sahih Al Bujari*, Umar insistía constantemente al Profeta para que intercediese ante Allah e hiciese descender una orden que obligase a sus esposas a cubrirse cuando se encontrasen en compañía de desconocidos para evitar así nuevos rumores y escándalos como el acontecido cuando Aisha se quedó a solas con el beduino Safwan.

Aunque al principio Mahoma se mostró reacio, cierta noche Umar decidió seguir a una de sus esposas mientras se dirigía a hacer sus necesidades. Al reconocerla, la llamó en voz alta, lo que hizo que la mujer se diese la vuelta avergonzada y le contara a su esposo lo que Umar había hecho. Instantes después, Allah hizo descender la sura que su amigo estaba reclamando:

> Oh Profeta, dile a tus mujeres, a tus hijas y a las mujeres de los creyentes que se cubran con un manto —hiyab—. Es lo mejor para que se las distinga y no sean molestadas. Allah es indulgente, sabio. (Corán 33; 59)

El deseo de Umar de que las esposas del Profeta se cubriesen con un velo acabó por ser la tónica general entre las mujeres musulmanas, las cuales acatarán de buen grado llevar un pañuelo o chador para protegerse de los lascivos ojos de los hombres, cuyas miradas debían evitar a toda costa. Cubriéndose ellas, impedían despertar el deseo sexual en los hombres, quienes no parecen poder controlar estos impulsos por sí mismos. No obstante, suponemos que, para la mentalidad de la época, las mujeres carecían de apetitos físicos, toda vez que no encontramos en el libro sagrado del islam ninguna orden semejante con respecto a que los hombres deban usar ningún velo, pañuelo o manto con el que cubrirse para no causar escándalo entre las féminas. Y es que para una mente sucia, es más sencillo tapar el mundo que hacer el esfuerzo necesario para moderar sus bajas pasiones.

> Di a las musulmanas que bajen la mirada, que se abstengan de cometer indecencias, y que no muestren sus adornos más que los que están a la vista. Que dejen caer el velo sobre su escote y que no muestren sus encantos excepto a sus maridos, a sus padres, a los padres de sus maridos, a sus hijos, a los hijos de sus maridos, a sus hermanos, a los hijos de sus hermanas, a los esclavos que no tengan deseos sexuales, a los niños… (Corán 24; 31)

Aunque Mahoma afirmó en numerosas ocasiones que la persona más parecida y cercana a Jesús era él mismo, de nuevo vemos cómo la moral mahometana dista mucho del pensamiento del Mesías de Nazaret, quien comprendió que el pecado no estaba en el cuerpo de la mujer, sino en el ojo —o la mente—, de quien la miraba, de ahí que declarase: «Si tu ojo te hace pecar, sácatelo y tíralo. Porque es preferible entrar en la vida eterna con un solo ojo que tener dos y ser arrojado al fuego» (Mateo 18; 9).

La vergonzosa orden de Allah/Mahoma de imponer un pañuelo a las musulmanas puede asemejarse a la mentalidad de quien culpa a una mujer que ha sido violada de habérselo buscado ella misma por haber llevado alguna prenda demasiado provocativa. Este tipo de pensamiento hace al juez cómplice del criminal, puesto que ambos discurren de la misma manera. Pero es que, para el islam, la mujer es un ciudadano de segunda, algo por encima de los cristianos y judíos, pero muy por debajo del hombre, como demuestra el hecho de que su peso jurídico sea la mitad que el de cualquier varón, ya que el Corán supone que ellas son olvidadizas y fabuladoras, por lo que deben buscar apoyo unas en otras para recordar con certeza los acontecimientos pasados (2; 282). Esta disyuntiva, empero, ha servido para dejar en libertad a cientos de violadores, puesto que el testimonio de la víctima es insuficiente para condenar a cualquier hombre.

> Narró Abu Huraira que el Profeta dijo: «Quien crea en Allah y en el último día debe cuidar de sus mujeres, porque las mujeres fueron creadas a partir de una costilla, y la parte más torcida de la costilla es su parte superior. Si intentas enderezarla, se romperá; pero si la dejas, quedará torcida. Así que os insto a que cuidéis de las mujeres».

A pesar de todo esto, es curioso que muchas jóvenes occidentales todavía sigan entrando voluntariamente al islam y accedan a cubrirse con un pañuelo, a compartir a su marido con otras mujeres, a que su peso jurídico sea la mitad que el de cualquier hombre, a caminar al menos cuatro pasos por detrás de su esposo, así como a desear entrar en un paraíso celestial que más bien parece un deleite de los sentidos fabulado por un hombre bastante libidinoso.

El rol de la mujer en el islam asumirá principalmente dos funciones: satisfacer al marido en todos sus deseos físicos y cuidar diligentemente de sus hijos, lo que la rebajará al mismo nivel que cualquier esclava, para las cuales la Sunna también se pronunció diciendo:

> Si la esclava se ha prostituido, que su amo la castigue con cincuenta latigazos, pero que después de esto, no se la reprenda o se la difame. Si se prostituye por segunda vez, tampoco. Pero si lo hace una tercera, vendedla aunque solo sea por una goma para el pelo. (*Bujari*, 156)

Según At Tirmidi, en un hadiz *sahih*, el mensajero de Dios dijo:

> Tened buen trato con vuestras mujeres, pues ellas no son sino como vuestras esclavas. No poseéis nada de ellas sino el goce y la preservación del honor y de la riqueza. Si incurren en una falta grave, apartaos de ellas en los lechos y pegadlas, pero sin brusquedad. Pero si se mantienen rectas, no las molestéis ni las dañéis. ¿Acaso no tenéis derechos sobre vuestras mujeres? ¿Acaso no tienen derechos vuestras mujeres sobre vosotros? En cuanto a vuestro derecho sobre ellas está el de no dejarlas a solas con quienes no deseáis y el de no permitir la entrada en vuestra casa a quienes no queréis. Y en cuanto a sus derechos sobre vosotros está el de gastar vuestras riquezas en vestidos para ellas y comida.

Abu Daud añadirá: «Que nadie pegue a su mujer en la cara, ni la insulte. Y ante alguna hostilidad, que no la recluya en otro sitio que no sea su casa».

Abu Hurarira narró que oyó decir al mensajero de Dios: «Si un hombre invita a su esposa a acostarse con él y ella se niega, entonces los ángeles le enviarán sus maldiciones hasta la mañana siguiente». Y también: «Si tuviera que ordenar a alguien postrarse ante otro, ordenaría a la mujer postrarse ante su esposo». Pero quizás el más duro sea: «Ninguno puede azotar a su esposa mientras azota a un esclavo y luego tener relaciones con ella la última parte del día».

Con todo, y como viene siendo habitual en la historia de la religión mahometana, también encontraremos hermosos versos coránicos y dichos de Mahoma elogiando el cuidado no solo de las esposas («Vuestras mujeres son vestiduras para vosotros, y vosotros sois vestiduras para ellas», 2; 187), sino también de las hijas, a quienes, debemos recordar, antes del advenimiento del Profeta, solían enterrar recién nacidas («A quien tiene hijas y cuida y atiende celosamente de ellas, Allah lo protege del fuego», *Sahih Bujari*).

Así las cosas, no solo el islam será culpable de discriminar a la mujer. Todas las religiones patriarcales someterán, en la misma medida que temerán, el aspecto femenino tanto humano como divino. Los judíos, en tiempos de Jesús, solían dar las gracias a Dios por no haber nacido mujer, pero el cristianismo paulista tampoco le vendrá a la zaga.[1]

> Que las mujeres se atavíen con ropa decorosa, con pudor y modestia. No con peinado ostentoso, ni oro, ni perlas, ni vestidos caros, sino con buenas obras, como corresponde a las mujeres que profesan la piedad. Que la mujer sea sumisa y sepa aprender en silencio en vez de molestar. No permito a la mujer enseñar, ni ejercer dominio sobre el hombre, sino estar en silencio. Porque Adán fue formado primero, y después Eva. Y no fue Adán engañado, sino Eva, de ahí que incurrió en la transgresión. Pero se salvará engendrando hijos, si permanece en fe, amor y santificación. (1ª Carta a Timoteo 2; 9-15)

1 Más información en el libro: *El Regreso de la Diosa*. Editorial Almuzara.

El sello de la profecía

«Quien se guía, lo hace a favor de sí mismo, y quien se extravía lo hace en contra de sí mismo. A nadie se le cargará con la carga de otro. Y no castigamos sin antes haber enviado un mensajero como advertencia». (Corán 17; 15)

Con la libre circulación alcanzada mediante el tratado de paz de Hudaybiyyah, los mecanos podrán subir hasta Medina, de la misma manera que los musulmanes podrán bajar hasta La Mecca, lo que propiciará el conocimiento de la nueva religión entre todas las tribus de la península arábiga. Muchos clanes, sintiendo curiosidad por saber cómo vivían los seguidores del gran Profeta que había salido de entre su comunidad, arribarán hasta Medina para hacerse musulmanes.

> Se transmitió por Umar ibn Al-Jattab: «Un día estábamos sentados junto al mensajero de Allah y se presentó ante nosotros un hombre con vestidos de una blancura resplandeciente y cabellos intensamente negros, sin evidencias o señales de estar viajando, y sin que fuera conocido de ninguno de nosotros. Dirigiéndose hacia el Profeta, se sentó frente a él, puso las manos sobre sus muslos y dijo:
>
> »—¡Oh, Muhammad! Infórmame acerca del islam.
>
> »Por lo que el mensajero de Allah respondió:

»—El islam consiste en que atestigües que nada ni nadie tiene derecho de ser adorado excepto Allah, y que Muhammad es su mensajero. Que hagas las oraciones prescritas, pagues la limosna obligatoria, ayunes el mes de ramadán y peregrines a la Casa Sagrada si cuentas con los medios para hacerlo.

»Entonces el extranjero exclamó:

»—¡Has dicho la verdad!

»Los que estábamos allí nos asombramos de que el hombre preguntara y además confirmara la respuesta. Luego siguió preguntando:

»—Infórmame acerca de la fe.

»Y el Profeta dijo:

»—La fe consiste en que creas en Allah, en sus ángeles, en sus libros, en sus mensajeros, en el día del Juicio Final y en el Decreto Divino.

»El hombre exclamó de nuevo:

»—¡Has dicho la verdad!

»Y siguió preguntando:

»—Infórmame acerca del grado más alto de la fe.

»Y el Profeta respondió:

»—Consiste en que adores a Allah como si lo estuvieras viendo. Pero, si no eres capaz de hacerlo, al menos debes saber que Él sí te ve.

»El hombre siguió inquiriendo:

»—Infórmame, oh Profeta, acerca de cuándo sobrevendrá el Juicio Final.

»A lo que el Mensajero de Dios respondió:

»—El preguntado no sabe, acerca de ello, más que quien pregunta.

»Finalmente, el hombre dijo:

»—Indícame acerca de sus signos. Las señales que anunciarán su proximidad.

»A lo que el Profeta respondió:

»—La esclava dará a luz a su ama y los descalzos y desamparados pastores de ovejas competirán entre ellos en la construcción de altos edificios.

»Después de que el extraño se marchara, yo permanecí

un rato más en la mezquita. Cuando el Profeta reparó en mí, me dijo:

»—¡Oh, Umar! ¿Sabes quién era el que preguntaba?

»A lo que le respondí:

»—No.

»Entonces él me dijo:

»—Era el ángel Gabriel que vino para enseñar nuestra religión a través de estas preguntas, las cuales se recordarán siempre».

Mahoma logrará una hermandad entre los árabes que será todo un hito en su época. Un modo de vida y una identidad que nada tendrán que ver con las antiguas leyes separatistas de los clanes, sino más bien con la certeza del conocimiento de un único Dios como nexo común entre la humanidad, así como de la virtud derivada de seguir el ejemplo de su mensajero en la tierra. De esa manera, el islam irá ganando nuevos adeptos en la misma medida que los Quraysh irán perdiendo poder e influencia.

El pacto de Hudaybiyyah exigía que ninguna de las dos partes firmantes se atacaran entre sí, como tampoco que atacaran a sus aliados, algo que los Banu Bark olvidarán cuando en el año 8 de la hégira se abalancen contra los Banu Khuzah, los cuales habían aceptado el islam tiempo atrás. El Profeta, marchando con un ejército como no se recuerda, acampará a escasos kilómetros de la ciudad santa e invocará las cláusulas del tratado de paz que los Quraysh habían roto, dando tres opciones a los mecanos: pagar una cuantiosa cantidad como resarcimiento por las vidas de los caídos durante la razia, ir a una guerra total o entregar La Mecca.

Abu Sufyan, abanderando su clan, saldrá de La Mecca y pedirá un encuentro con el Profeta para tratar de evitar a toda costa una batalla que sabían perdida. Aunque al principio Mahoma se mostró reacio, finalmente decidió escuchar las súplicas de Abu Sufyan, ordenándole pasar primero una noche en la tienda de Abbas ibn Abdul Mutalib para encontrarse al día siguiente. Tras la oración de la mañana, Abu Sufyan fue llevado a la tienda del enviado de Dios, quien le preguntó: «¿No es hora ya de que reconozcas que no hay más dios que Dios?». A lo que Sufyan contestó: «Oh mensajero, si hubiese otro dios, él me habría socorrido…, pero no ha sido así». Entonces Mahoma espetó: «¡Maldita sea, Abu Sufyan! ¿No es hora ya de que reconozcas que soy el mensajero de Allah?». A lo que el mecano respondió: «En cuanto a eso, todavía tengo mis dudas». Entonces Abbas ibn Abdul Mutalib se dirigió a Sufyan y le dijo: «Hazte musulmán antes de que te corte la cabeza». Únicamente entonces, el líder de los Quraysh aceptará el islam, repitiendo el testimonio de fe completo. Acto seguido, el mensajero de Dios entrará en su ciudad natal, se dirigirá a la Kaaba y destruirá todos los ídolos que había en su interior, proclamándola como casa de oración y lugar más sagrado de la cosmología mahometana. A partir de entonces, los paganos tendrán prohibido poner un pie en La Mecca y el islam acabará por expandirse, no solo por la península arábiga, sino por todo el mundo.

Aunque durante todo este tiempo los Quraysh fueron enemigos íntimos de los musulmanes, Mahoma decidirá indultarlos con la excepción de Ikrima ibn Abu Jahl, debido a su enconada oposición contra el islam; Habbar ibn Aswad, por afirmar ser un profeta y maltratar a Zaĭnab, la hija de Mahoma, hasta el punto de hacerla abortar; Miqyas Subabah, por matar a un musulmán; Huwairath ibn Nafidh, por maltratar a las hijas del Profeta y usar versos infames contra los musulmanes; Abdullah ibn Jatal, por apostatar del islam; Fartana, una poetisa que solía componer versos irónicos sobre Mahoma, y Sarah, por haberlo molestado tiempo atrás.

Con la Kaaba como centro neurálgico de la fe, Mahoma declarará la ciudad capital inviolable de la nueva y última religión, donde nadie excepto él había derramado la sangre de otro ser humano, y nadie después de él tendría derecho a hacerlo jamás. Los Quraysh, sabiendo que la conversión al islam borraba todas sus faltas pasadas, se acogerán en masa a esta solución para salvar el pellejo. Aceptar el islam era el único pasaporte para seguir con vida. Incluso Washi, el asesino que la esposa de Abu Sufyan había contratado para aniquilar a Hamza, se apresurará a postrarse ante Muhammad solicitando su indulto, algo que el

Profeta aceptará de mala gana, advirtiéndole que no se cruzase en su camino o moriría aun siendo musulmán.

Con la conquista de La Mecca, Mahoma enviará numerosas delegaciones a los clanes vecinos para convencerlos de una vez de que aceptasen el islam. Una de esas delegaciones será encabezada por Khalid ibn Walid, quien al ver que los Banu Khuzayma salían armados de su fortaleza para recibirlo, aunque eran musulmanes, ordenó matar a cientos, lo que conmocionó tanto al mensajero de Dios que tendrá que remitir todos sus tesoros a los supervivientes en compensación por la villanía de Khalid.

Sin la imposición de un gobierno al uso, Mahoma será el líder indiscutible de una Arabia unida por la fe en Allah, cuyo punto fuerte se basó en el espíritu de hermandad entre los musulmanes y en una férrea oposición a cualquier otra creencia que no fuese el islam.

Con el Profeta asentado en Medina como juez y jurado en cualquier asunto, lo veremos recomendar el uso de la magia de las palabras para salvaguarda de sus seguidores contra todos los males, tanto espirituales como mundanos. Cuando alguien salía de casa, tenía que decir: «En el nombre de Dios, en Dios confío, no hay poder ni fuerza excepto en Dios». Únicamente entonces el musulmán estaba protegido y Satanás se apartaría del él hasta su regreso. Si alguna cosa perturbaba al creyente, el Profeta instaba a repetir: «Oh Viviente, oh Sustentador, por tu misericordia busco tu ayuda». Para que el destino fuese favorable, había que recitar: «Oh Allah, nada es fácil excepto lo que tú facilitas. Y tú puedes facilitar las dificultades si quieres». En caso de peligro de muerte, también podía decirse: «No hay más divinidad que Tú. Gloria a ti, verdaderamente yo fui uno de los malhechores».

Abu Huraira transmitió la siguiente conversación: «Oh mensajero de Allah, anoche me picó un escorpión estando en mi casa». Por lo que el Profeta dijo: «Si por la tarde hubieras dicho "me refugio en las perfectas palabras de Allah de cualquier mal", no te habría ocurrido nada».

No obstante, estas medidas no siempre surtían el efecto deseado. En cierta ocasión, un beduino fue a ver al Profeta con un problema concerniente a sus rebaños, por lo que el enviado de Dios le sugirió decir: «En Dios confío, no hay poder ni fuerza excepto en Él». Pero el beduino, que no creyó que aquellas palabras pudieran solucionarle nada, se levantó de allí y se marchó sin decir nada.

Habiendo cumplido su sueño, el cuerpo del Profeta irá acusando cada vez más el intento de envenenamiento que había sufrido antes de la toma de Jaibar. Según algunas versiones, Mahoma fue invitado a la casa de una familia de origen israelita para tratar un acuerdo de paz. Comenzando la conversación, una mujer le acercó un cordero asado que previamente había emponzoñado. Alertado por el ángel Gabriel, el Profeta pudo escupir a tiempo el trozo que estaba masticando. Aun así, el veneno ya había entrado en su organismo. Tras este incidente, el mensajero de Allah comenzó a sufrir ausencias y desvanecimientos. Su cuerpo notó los efectos de la ponzoña y la fiebre y las jaquecas no le dejaron de acompañar hasta el ocaso de sus días.

Conociendo que su final estaba cerca, Mahoma decidió conducir a su comunidad en su última peregrinación a La Mecca. Hay quien dice que, antes de esto, le confesó a su hija Fátima el trágico final que le estaba esperando. No obstante, cuando Fátima cayó desconsolada, el Profeta también le anunció que, al poco tiempo de su partida, ambos se reunirían de nuevo en el Paraíso. Fátima quedó en *shock* y comprendió que su muerte no distaría mucho de la de su padre. Efectivamente, como Mahoma predijo, su hija lo acompañaría meses más tarde.

Consciente de que podían ser sus últimas palabras, el mensajero de Dios se dirigió a los musulmanes en un sencillo discurso donde pidió unidad y amor fraternal. «La sangre de un musulmán es sagrada para su hermano. Así como sus mujeres, sus tierras, su honor...». Desde la ubicación que hoy ocupa la mezquita de Namira, en los alrededores de Arafat, se cree que Mahoma dijo su «Sermón de la Montaña», un discurso breve y profundo; las sencillas bases que regirían la vida de los hombres y mujeres de corazón puro después de su partida. Una homilía donde, como punto final para su apostolado y sello de su obra, preguntó a los musulmanes: «¿Podéis asegurar que os he transmitido el Mensaje?». A lo que la comunidad respondió al unísono que sí. Entonces el profeta Muhammad, con lágrimas en los ojos, miró al cielo y dijo: «¡Oh Dios mío, eres testigo de lo que han dicho!».

Una vez terminada la peregrinación, el Profeta regresó a Medina, donde, haciéndose más patente su enfermedad, intentó dejar bien atados todos los cabos para evitar posibles malos entendidos en el legado de su misión. Con muestras evidentes de fatiga y mareos, continuó dirigiéndose a los musulmanes, aconsejándoles que siguieran su ejemplo en todo lo que le habían visto hacer en su vida diaria. Antes de tener que recluirse en la habitación de Aisha, se dirigió al cementerio de Uhud y lloró con un dolor tan amargo que traspasó las fronteras del tiempo.

Hasta que cayó sin fuerzas, el apóstol árabe siguió dirigiendo la oración en su mezquita incluso con una venda envuelta en la cabeza para calmar los fuertes dolores. En una de sus últimas disertaciones, le dijo a sus compañeros: «Hay un servidor de Allah al que su Señor le ha dado a elegir entre quedarse en la tierra o retornar hacia Él, y este siervo ha escogido retornar hacia Él».

Abu Bakr, el único que había entendido su parábola, se levantó y rompió a llorar, suplicándole que no los abandonase tan pronto. El resto de sus compañeros miraron a Abu Bakr, preguntándose el porqué de aquella reacción, puesto que el Profeta no había dicho que era él a quien Allah le había dado a escoger entre los dos destinos. Poco después, Muhammad cayó tan enfermo que la fiebre le impidió incluso levantarse del lecho. Por más que lo intentaba, las fuerzas no le hacían justicia, así que mandó a Abu Bakr que ocupase su lugar en la oración y luego dejó caer su cabeza en el regazo de Aisha. A la mañana siguiente, miró por su ventana y vio a su comunidad reunida para rezar la oración de las primeras luces. Aisha aseguró que el rostro de su marido se iluminó con una sonrisa y luego cerró los ojos para siempre. Mahoma retornó a su Señor un lunes del año 632 de la hégira. El último de los profetas había muerto.

La noticia corrió como la pólvora por toda Arabia. Las mujeres caían al suelo, consternadas de dolor, mientras los hombres se apresuraban a acercarse hasta la mezquita suplicando que no fuese más que un maldito rumor. Una multitud desconsolada se agolpó frente a la habitación de Aisha sin dar crédito a lo que había pasado. La noche cayó sobre el alma de los musulmanes y sus cuerpos se estremecieron. Su guía había retornado hacia Allah, dejándolos solos en esta tierra; solos ante el infortunio, ante un mar tempestuoso que resultaba difícil de navegar sin una brújula que los orientase.

Cuando Umar se enteró de la noticia, cayó en estado de *shock*. Sus ojos se nublaron y su cuerpo empezó a temblar.

«¡No puede ser!», gritaba como un poseso mientras caminaba de un lugar a otro sin saber qué hacer. «El alma de Muhammad volverá a su cuerpo en unos instantes. Solamente hay que esperar un poco más para que regrese. En otra ocasión ya subió al cielo y retornó de nuevo con nosotros», se decía a sí mismo mientras amenazaba con su espada a todo aquel que se atreviera a decir que su amigo había muerto.

El desconcierto dio paso a una ira furibunda hasta que Abu Bakr se le acercó, puso sus manos sobre sus hombros y recitó esta aleya del Corán.

> Muhammad es solo un mensajero antes del cual ya hubo otros mensajeros. Si muriese o lo mataran, ¿daríais la espalda? Quien da la espalda, no perjudica a Allah en absoluto. Allah recompensa a los agradecidos. Nadie muere si no es con permiso de Allah en un plazo escrito de antemano. Quien quiera la recompensa que ofrece esta vida, se la daremos en parte; y quien quiera la recompensa de la última vida, se la daremos. (Sura 3; 144-145)

Umar sostuvo la mirada de Abu Bakr hasta que, rendido, soltó la espada y cayó de rodillas al suelo, tapándose la cara para ocultar sus lágrimas. El primer califa tenía razón. El Profeta les había advertido del peligro que corrían si intentaban divinizar su figura como habían hecho los cristianos con Jesús.

> Mahoma es un hombre —solía decir el apóstol de Dios—. Quien adore a Mahoma, ha de saber que Mahoma morirá.

> Pero quien adora a Allah, ha de saber que Él vive por siempre y que no puede morir.

El Profeta temía tanto que su imagen pudiera ser motivo de idolatría, que no dejó que nadie describiera su rostro al detalle. Sabemos por un hadiz que, caminando de noche con uno de sus compañeros, el hombre miró a la luna llena y luego al rostro de Mahoma. Pasado el tiempo, cuando le preguntaron sobre el aspecto del mensajero de Dios, recordando aquella noche, dijo: «Entre la luna llena y el rostro del Profeta, ¡juro por Allah que el rostro del Profeta era mil veces más bello que la luna llena!».

Si no llega a ser porque el corazón de Aisha se ablandó ante el desasosiego de los musulmanes, la tumba de Mahoma sería hoy una incógnita, tal y como era su deseo, intentando así evitar que la gente rezase sobre o hacia ella. El cuerpo del último de los profetas fue enterrado en la habitación de su mujer más joven y hoy cualquier musulmán puede ver su casa, su alcoba, e imaginar su tumba detrás del enrejado verde.

Tras la muerte del apóstol de Allah, Abu Bakr y Umar, temerosos de que los recitadores del Corán fueran muriendo, y de que el legado del Profeta se perdiera o se distorsionara, arribaron hasta la casa de Zaid ibn Zabit, uno de los escribanos personales de Mahoma, y le encomendaron la tarea de recopilar el mensaje sagrado en un tomo que sería preservado contra el tiempo y el olvido. Hasta ese momento, las suras y las aleyas estaban repartidas en trozos de piel de cabra, arcilla cocida u hojas de palmera, y distribuidas entre los copistas que habían escuchado las recitaciones y las transcribieron. Aquella ardua y complicada tarea recibió primeramente las críticas de su depositario, pues no creyó ser digno de semejante honor. Pero, ante la insistencia y los razonamientos de Umar y de Abu Bakr, finalmente Zaid reconoció la necesidad de obedecer a sus amigos.

La decisión de encargar una tarea tan importante a una persona tan joven levantó una nube de celos en otro de los primeros y más distinguidos musulmanes de la época, Abdullah ibn Masud, quien protestó enérgicamente porque no se le había tenido en cuenta para dicha tarea. No obstante, reconociendo que Zaid era mejor memorión que él, Abdullah acabará ayudándolo en todo lo posible. Será él mismo quien legue esta advertencia para las generaciones futuras: «En nuestra época se nos hace difícil la memorización del Corán, pero nos es sencillo practicarlo. Tiempos llegarán en que se hará sencilla su memorización, pero difícil su práctica».

La compilación de suras y de aleyas por parte de Zaid y Abdullah dio origen a un volumen completo del Corán que se guardará en la casa de Abu Bakr, quien tras su muerte se lo legó a Umar, y tras su asesinato quedará en poder de su hija.

Durante el mandato de Uzman, Hudhaifa le dijo al califa que había oído recitar a ciertos beduinos algunas aleyas que más bien serían deformaciones del contenido original del libro sagrado. Uzman, sin pensárselo dos veces, envió a sus escribanos a casa de la hija de Umar para que les permitiese hacer copias del Corán. Esas copias, más tarde, se repartirían por diversos lugares del mundo islámico para que los musulmanes pudieran consultar o copiar el libro único y deshacerse de cualquier otro documento que no estuviese recogido en el legítimo canon. Gracias a la previsión y cuidado de los primeros califas, hoy en día los musulmanes podemos asegurar sin temor que las palabras del Corán son exactamente las mismas que Allah inspiró al profeta Muhammad hace más de mil cuatrocientos años.

Las profecías del fin del mundo

«Te preguntan acerca de la Hora y su llegada. Di: el conocimiento corresponde a mi Señor y solo a Él. En su momento decidirá cuándo vendrá. Pesa en los cielos y en la tierra, y no os llegará sino de repente. Te preguntan como si estuvieras al tanto de ella. Di: solo Allah lo sabe.» Corán 7: 187.

Cuando visité Damasco, allá por el año 2005, lo primero que hice fue dirigirme al costado izquierdo de la gran Mezquita Omeya, justamente debajo del minarete blanco, pues según las profecías que anuncian el final de los tiempos en la literatura mahometana, Jesús descenderá del cielo en este lugar vestido con prendas color azafrán, asido a las alas de dos ángeles, para luchar contra el Dayyal —el anticristo—.

La leyenda sigue narrando que cuando agache la cabeza, de ella caerán gotas de sudor; y que cuando la levante, cuentas como perlas se dispersarán por su frente. Todos los incrédulos que huelan el perfume de su santidad morirán, y su divino aliento llegará tan lejos como su vista alcance. Luego, reuniendo a las fuerzas del bien bajo su mando, combatirá contra el Falso Mesías y le dará muerte en la puerta de Ludd —quizás Megido o Jerusalén—, atravesándolo con una flecha. Empero, aunque la flecha no llegara a tocarle, la presencia de Jesús sería suficiente para derretir al último de los treinta embusteros que la humanidad habrá cobijado y dado crédito hasta ese momento.

Según algunos hadices, el Dayyal tendrá la apariencia de un hombre con el pelo rizado y será ciego de un ojo. Emergerá en la zona de Irán, Iraq o Siria, extendiendo el mal sobre la tierra y engañando incluso a los más precavidos, ya que será capaz de realizar toda serie de prodigios milagrosos. No obstante, los creyentes podrán protegerse de sus engaños recitando los tres primeros versículos del capítulo 18 del Corán —la Sura de la Caverna—. Entre sus ojos podrán leerse tres letras en lengua árabe, K, F y R —Kafir, incrédulo—, que únicamente los musulmanes que se han protegido recitando los versos anteriores podrán distinguir. El anticristo tendrá poder sobre las tempestades y los fenómenos naturales, pero también será capaz de resucitar a los muertos, aunque no lo hará en el nombre de Dios, sino llamando al ateísmo, siendo justamente en ese momento cuando Allah envíe al hijo de María para que le dé muerte, dirija la gran Batalla Final e instaure un reino de paz que dure cuarenta años hasta que le sobrevenga la muerte.

Ésta será una de las señales de la llegada del Fin del Mundo y de la posterior resurrección de todas las criaturas, también llamado el Día de la Hora —Yawm al-Qiyamah—, el cual será precedido de otras señales menores que empezarán con un conflicto armado entre las naciones; el aumento de las catástrofes naturales, sobre todo incendios y terremotos causados tal vez por un progresivo cambio climático; el deterioro del legado espiritual por la muerte de los últimos eruditos; un exponencial aumento del sufrimiento en una parte del mundo, tanto es así que los hombres que caminen por los cementerios preferirán estar dentro de las tumbas; el abandono de la oración por parte de la inmensa mayoría de la gente, seducidos por el encanto del materialismo; los valores se invertirán, lo bueno parecerá malo y lo malo parecerá bueno; los seres humanos cambiarán su corazón de carne por otro de piedra; aumentará la usura; las personas se preocuparán en exceso de sus vestiduras; los hombres se asemejarán en su apariencia a las mujeres y las mujeres a los hombres…

En su segunda venida —Parusía—, Jesús destruirá todas las cruces, matará a los cerdos y derogará el impuesto que la ley islámica impone a los practicantes de otras religiones dentro de sus territorios. Mediante su propio testimonio, exhortará a los cristianos a que no lo adoren a él, sino a Allah; hará que los devotos de los cultos no teístas se vuelvan hacia el Dios único y verdadero, mientras que los judíos, testigos de excepción de todos los prodigios que habrá realizado, ya no podrán negar su identidad como Mesías, lo que acabará uniendo a toda la humanidad en una sola y única religión, el islam.

Antes de que todo esto suceda, surgirá otra figura destacada entre los musulmanes que apoyará al Mesías en cada una de sus acciones. Según el testimonio de Ali Ibn Abu Talib, primo y yerno de Mahoma, el advenimiento del Mahdi será otra de las señales mayores del final de los tiempos. El Mahdi pertenecerá a su propio linaje —el de Ali con Fátima, la hija del Profeta—, adoptará uno de los nombres de Mahoma: Amin, Ahmad, Hamid, Mutahhar etc., y permanecerá en un estado de ocultación hasta que la gente se encuentre totalmente perdida y la corrupción desoriente incluso a los más devotos. Solo entonces el Mahdi iluminará el mundo como si fuese la luz de una estrella fugaz, trayendo de nuevo la justicia y la equidad a las naciones del islam.

Algunos hadices lo describen con nariz larga y aguileña, frente ancha y aseguran que gobernará durante siete años. Otros informadores sostienen que el Mahdi le pedirá a Jesús que los dirija durante la oración islámica —salat—, pero que Jesús le cederá su puesto y rezará detrás de él para legitimarlo en su cargo, demostrando así por otra parte que quien quiera ser el primero entre los creyentes, deberá estar dispuesto a ponerse el último. Jesús se convertirá entonces en un juez justo para las naciones que convertirá las espadas en arados, las lanzas en instrumentos de labranza, y ya no se enfrentará más ningún pueblo contra otro y nadie se adiestrará ya más para la guerra.

Empero, si el enemigo natural del auténtico Mesías será el Falso Mesías, el adversario del verdadero Mahdi será el Falso Imam —líder de los creyentes—, a quien la literatura escatológica islámica llama «el Sufyani». Aunque su presencia en los hadices es escasa, no obstante será otra de las señales que precedan el Yawm al-Qiyamah.

Como ya hemos mencionado, en la época del Profeta su mayor opositor fue Abu Sufyan, cabecilla del clan que señoreaba en La

Mecca. Con el auge de la fe islámica, las tropas de Abu Sufyan fueron mermando drásticamente, hasta que al final, amenazado de muerte por Abbas ibn Abdul Mutalib, accedió a convertirse al islam y a someterse a la dirección del apóstol árabe para salvar la vida. Empero, algunas profecías aseguran que de su descendencia saldrá aquel que llevará a los musulmanes a la pérdida de los auténticos valores de la fe.

En el Kitab al-Fitan —el Libro de las Tribulaciones—, Naim ibn Hammad asegura que el Sufyani se llamará Abdullah, pertenecerá a la descendencia de Abu Sufyan, aparecerá en Damasco con portaestandartes rojos y tendrá el rostro marcado por la viruela. Causará una gran masacre entre los musulmanes —una de las señales menores que predijo Mahoma fue una guerra fratricida entre dos contendientes de la misma religión, tal vez chiíes y suníes—, y además vendrá precedido de un fenómeno celeste fuera de lo común. También se asegura que destruirá Siria, Egipto e Iraq, y que únicamente aquellos que se refugien en La Mecca podrán salvarse de él, puesto que los ejércitos que comande serán tragados por la tierra cuando se dirijan a tomar la ciudad santa. Finalmente, el Mahdi acabará con el Sufyani en Jerusalén.

Muchos arabistas opinan que, antes de la llegada del Mahdi, del advenimiento del Mesías y de la gran Batalla Final, habrá un choque de civilizaciones que enfrentará a oriente y a occidente. Este conflicto favorecerá que los Rum —palabra que suele vincularse a los romanos y bizantinos, y por extensión con toda la cristiandad—, traicionen a los hijos del islam, se asocien con el Falso Mesías y carguen contra los países musulmanes. Algunos relatos aseguran que el Dayyal saldrá de Ispahán acompañado de setenta mil judíos. Otros hadices cambian el término Rum por el de Banu al-Asfar —los hijos del amarillo —aludiendo al estereotipo con el que los países árabes asociaban a los europeos de cabellos rubios. Por tanto, hasta que Jesús regrese, los conflictos entre oriente y occidente no harán más que aumentar. Incluso después de su llegada, muchos occidentales seguirán engañados por el anticristo y se alistarán en las filas de los ejércitos de Gog y Magog —de quienes hablaremos más adelante—, luchando contra Dios sin saberlo.

Pero la ciudad de Medina también juagará un papel importante en los últimos días puesto que, según predijo el Mensajero de Allah, el anticristo y sus engaños no podrán traspasar las murallas de esta urbe, las cuales tendrán siete puertas y numerosos ángeles en cada una de ellas se encargarán de detener el acceso de los seguidores de la iniquidad, así como de cualquier tipo de plaga, permitiendo no obstante el paso de los fieles. Asimismo, como ya hemos mencionado, junto al sepulcro del Profeta se encuentra también una tumba vacía perteneciente a Jesús de Nazareth, en la cual será enterrado después de su segunda venida a la tierra. Y es que, aunque en su primera vida decidió tomar el voto del celibato, nada impedirá que en su próximo advenimiento se case, tenga hijos y muera como cualquier ser humano normal, tal como deja entrever el libro sagrado del islam:

> «Y de entre la gente del Libro (judíos y cristianos), no hay nadie que, antes de su muerte —de Jesús—, no vaya a creer en él.» Corán 4; 159.

Con todo y con eso, el anticristo no será la única amenaza con la que tenga que lidiar Jesús y el Mahdi en el final de los tiempos. Gog y Magog aparecen en el Corán como otra de las señales mayores antes de la llegada de La Hora. Según las crónicas más antiguas, procedentes de la tradición veterotestamentaria, Gog pudo haber sido uno de los nietos de Noé, más concretamente el hijo de Jafet —según la Tabla de las Naciones—, quien tras el diluvio se asentó al norte de Israel como podemos leer en el capítulo diez del libro del Génesis. Con el tiempo, el nombre de Gog se mixturó con el de la zona que habría gobernado, Magog— la tierra de Gog—, posiblemente Anatolia Central. El profeta Ezequiel, cumpliendo el mandato de Yahvé, maldijo a «Gog de Magog», a todos sus súbditos y a todos sus aliados. No obstante, con el tiempo, Gog pasó a encarnar el linaje de los monarcas que obraron contra las leyes divinas, siendo Magog el arquetipo de las razas y de los pueblos que corrompieron y corromperán el mundo hasta el final de los días.

En el libro del Apocalipsis, san Juan asegura que Gog y Magog se aliarán a Satanás para engañar a las naciones y llevarlas a una última guerra mundial —el Armagedón—. Dios entonces destruirá milagrosamente a las legiones del mal, acaecerá el Juicio Final y se implantará un nuevo reino de conciencia cuyo núcleo será una Nueva Jerusalén donde Jesús reinará sobre las naciones durante mil años en lugar de los cuarenta que proponen las profecías mahometanas.

Bebiendo de las fuentes bíblicas, el Corán adjudicará las mismas características a los dos términos, añadiendo además que los descendientes del mítico soberano Gog y de su tribu podrían haberse asentado en las inmediaciones de la localidad de Derbent, Rusia, en lo que anteriormente habría sido una colonia persa —sasánida o aqueménida— en medio de Las Puertas Caspias, cuyas murallas se extendían más de cuarenta kilómetros entre el mar y las cumbres del Cáucaso.

Minarete blanco de Jesús, Damasco.

Según el poema «El romance de Alejandro Magno», uno de los generales del caudillo macedonio cayó en una batalla contra los descendientes de Gog y Magog, por lo que Alejandro decidirá levantar un muro que detenga su paso para siempre. Ese muro, empero, tendrá su eco en el Corán, el cual asegura que *Dhul Al-Qarnayn* —literalmente: «el de los dos cuernos», haciendo referencia a las astas que Alejandro llevaba en su casco—, se encontró con un pueblo que le alertó de las terribles prácticas que llevaban a cabo los descendientes de Gog y Magog, gentes de rostros grandes y ojos pequeños. Ante las súplicas de aquellas personas, Dhul Al-Qarnayn accederá a construirles un muro sagrado que sus enemigos no puedan escalar, socavar ni derribar. Desde la construcción de la muralla, hace más de dos mil años, los hijos de Gog y Magog han intentado hacer un agujero en la pared para poder colarse; pero cuando las piedras empiezan a resquebrajarse, el sol se pone y la oscuridad les obliga a regresar a sus hogares. No obstante, cuando vuelven al día siguiente, descubren que la muralla se ha recompuesto milagrosamente, por lo que tienen que empezar una y otra vez. Sin embargo, cuando se acerque La Hora, el capataz de la obra mandará retirarse a los picapedreros, instándolos a que regresen el día siguiente, pero en esa ocasión añadirá «in sha Allah» —si Dios quiere—, por lo que la maldición del muro que mantenía a raya a los infieles se romperá y Gog y Magog podrán abrirse paso hasta el otro lado.

La literatura escatológica islámica afirma que, cuando Gog y Magog traspasen esa muralla, conquistarán todas las naciones, tomando la mayoría de las ciudades y esquilmando los recursos naturales de la tierra. Según algunos relatos, su maldad será tan grande que dispararán flechas al cielo intentando incluso asesinar a los ángeles, y que las flechas caerán de nuevo a la tierra manchadas de sangre. Será entonces cuando se desencadene la Gran Batalla entre las huestes de santos de Jesús y del Mahdi, y los ejércitos de Satanás, del Falso Mesías y las tribus de Gog y Magog. Una batalla arquetípica que se repetirá en todas y cada una de las tradiciones de la antigüedad, representando la eterna lucha entre las fuerzas de la luz y de la oscuridad, del bien y del mal, del orden y el caos. Lo que no nos queda tan claro es cómo Allah no sabe que el relato de Alejandro en el que se está basando para redactar el Corán es un poema épico de ficción que sin embargo fue muy popular en la Arabia contemporánea al Profeta.

Resulta del todo curioso que la mayoría de profecías escatológicas que dimanan de las religiones Abrahámicas ubiquen esta última Guerra Mundial en Oriente Medio, incluso que nombren ciudades como Damasco, Jerusalén, Basra (Basora) y Kufa (al sur de Bagdad) e impliquen a potencias como Rusia.

Coincidiendo con las revelaciones que san Juan tuvo en la isla de Patmos, el profeta Muhammad predijo que las tropas del mal serán tan numerosas que estarán a punto de destruir a los ejércitos de Dios. Jesús y el Mahdi entonces tendrán que apresurarse para guarecerse en la cima del Monte Sinaí, donde Gog y Magog los sitiarán hasta que Allah envíe todo tipo de plagas contra ellos, como sucedió en Egipto con Faraón, y acabe por completo con las fuerzas oscuras. Cuando esto suceda, Jesús y el Mahdi descenderán del monte y se encontrarán que no hay ni un solo palmo en la tierra que no esté contaminado por la putrefacción —tal vez los residuos de un holocausto nuclear –, por lo que Dios enviará pájaros que limpien la tierra y una lluvia extraña que la purificará del todo. Tanto es así que, después de esta limpieza, crecerán frutas tan grandes que ni siquiera varios hombres podrán comer siquiera una, y los animales darán tanta leche que una familia entera no dará abasto para bebérsela.

En innumerables ocasiones, el Mensajero de Allah se prodigó en revelar los signos mayores y menores que precederán el crepúsculo de los tiempos, aunque también aseguró que la fecha exacta del Juicio Final es un secreto que pertenece exclusivamente a la intimidad de Dios. Abu Huraira, uno de los mayores compiladores de hadices, narró que un beduino le preguntó al Profeta cuándo llegaría la Hora, a lo que el Profeta contestó:

> «Cuando la confianza en la autoridad se pierda por su falta de honradez». El beduino entonces insistió: «¿Y Cómo se perderá la confianza?» A lo que el Profeta contestó: «Cuando la dirección y el poder se entreguen a gente inepta, en esos días la Hora estará a las puertas…»

En otro hadiz, At Tabarani asegura que el Profeta manifestó: «Entre las señales del día de la Hora están las prácticas inmorales, los esfuerzos de mucha gente por promover prácticas licenciosas, el rompimiento de los lazos familiares y la confianza en los mentirosos.»

Con todo, será Hudhaifa Ibn Usaid, otro de los compañeros de Mahoma, quien nos relate las diez señales mayores que devendrán antes del Yawm al-Qiyamah. Si bien no podemos saber el orden exacto en que acaecerán estos eventos, la mayoría de expertos concùerdan en que casi todos tendrán un origen sobrenatural. Uno de los primeros signos es que se verán grandes columnas de humo, después aparecerá el Dayyal, luego le seguirá la Bestia; más tarde el sol saldrá desde el oeste —no se refiere aquí al astro solar, sino a una gran luminaria, semejante quizás a la de la explosión de una bomba atómica, que resplandecerá en el poniente—, más tarde sucederá la aparición de Jesús; entonces la tierra temblará en tres lugares distintos, oriente, occidente y Arabia; al final de los cuales, un fuego devastador surgirá en Yemen y caerá la barrera que contiene las fuerzas oscuras de Gog y Magog. Entonces, y solo entonces, se producirá la Batalla Final...

EL DÍA DE LA HORA EN EL CORÁN

> «A los que están en el extravío, el Misericordioso los dejará así hasta que vean lo que les fue prometido, ya sea el castigo o La Hora. Y a aquellos que hayan seguido la guía, el Misericordioso los incrementará en ella.» Corán 19; 75 -76.

> «Hombres, temed a vuestro Señor, pues el temblor en La Hora será terrible. El día que lo veáis, las que estén amamantando se olvidarán de lo que están amamantando, y las embarazadas se olvidarán de lo que llevan en sus vientres. Verás a los hombres como ebrios, pero no estarán ebrios, sino que será el castigo de Allah.» Corán 22; 1 -2.

«En el día de la Hora, los falsarios estarán perdidos. Verás a cada comunidad arrodillada y emplazada ante su Escritura. En ese día serán retribuidos con arreglo a sus obras.» Corán 45; 27 -28.

«¿Qué pueden esperar cuando la Hora venga de repente si sus signos ya están llegando? ¿De qué les servirá que les amonestemos cuando ella esté aquí?» Corán 47; 18 -19

«La Hora es el tiempo que se les ha fijado y ella será terrible y cruel.» Corán 54; 46-48.

«Cuando el cielo se hienda, los astros se precipiten, cuando los mares se mezclen, cuando las tumbas sean revueltas, cada alma sabrá lo que adelantó y lo que atrasó.» Corán 82; 1-5.

Las flores de la religión del desierto

Transmitido por Aisha: «El Profeta solía permanecer de pie en oración por la noche hasta que se le agarrotaban los pies. Un día le pregunté: "Oh mensajero de Allah, ¿por qué haces esto si Dios ya te ha perdonado tus faltas anteriores y posteriores?". A lo que él contestó: "¿Es que acaso no puedo ser agradecido?"». (*Sahih Bujari* y *Muslim*)

A pesar de la crudeza de muchos de los pasajes anteriores, no podemos obviar la belleza de la religión islámica, los versículos en los que el Corán parece increíblemente inspirador, así como todas las veces que el ejemplo del profeta Muhammad resulta verdaderamente sorprendente.

Allah, esa extraña divinidad, se mostrará inmisericorde con los descreídos, pero tremendamente amoroso con cualquier creyente. Los mismos atributos que Mahoma iría adquiriendo a medida que su influencia se fuese asentando. Con todo, describir a Allah era tremendamente difícil, puesto que a Dios nadie lo había visto jamás. Los dioses de la Arabia preislámica estaban en la Kaaba, todo el mundo lo sabía y los podía ver cuando los eunucos los sacaban en procesión, pero ¿dónde estaba Allah? Será aquí cuando la brillante mente del Profeta del desierto relate uno de los hadices más bellos:

> Yo estoy donde mi siervo me piensa y allí donde él me recuerda. Y no se han reunido unas personas en alguna de las casas de Allah para recitar y estudiar el libro de Allah, sin que Dios haga descender la tranquilidad en sus corazones, los cubra de misericordia y los rodeen los ángeles.

Deseando resolver quién era Dios, el islam le atribuirá noventa y nueve características humanas para que los creyentes se hagan una idea de a quien debían temer y amar a la vez.

Umar ibn Al-Jattab relató que el Profeta llegó a Medina rodeado de cautivos, entre los que vio a una mujer angustiada que buscaba a su hijo. Cuando por fin lo encontró, lo abrazó con fuerza y se puso a amamantarlo. Entonces el Profeta se giró hacia sus amigos y les preguntó: «¿Creéis que esa mujer sería capaz de arrojar a su hijo al fuego?». Ellos contestaron que no. Por lo que el Profeta sentenció: «Pues sabed que Allah es más compasivo con sus siervos que esa mujer con su hijo».

Si hay algo que el islam supo transmitir a sus comunidades fue la necesidad de velar por el pobre, el huérfano y la viuda, quienes parecieron ser la mayor preocupación de Mahoma. Infinitos son los hadices donde veremos al Profeta del desierto alentar a sus conciudadanos para que se ocupen los unos de los otros; algo bastante impensable antes de su advenimiento: «Ninguno de vosotros será un verdadero creyente hasta que no desee para su hermano lo mismo que desea para sí mismo» (Hadiz).

La imitación de Mahoma suponía aproximarse a la misma educación que tenían los ángeles del cielo. En cierta ocasión, tras terminar la plegaria de la noche, el Profeta se levantó y se marchó a su casa corriendo. Cuando sus compañeros le preguntaron la razón, él contestó: «He visto que han venido algunas personas pobres a la mezquita y he recordado que a mí aún me quedaban cosas para dar en mi casa, así que he venido por ellas».

A veces también solía advertir: «Oh musulmanes, tened cuidado con las peticiones que los oprimidos hacen a Allah, pues nada se interpone entre ellas y su Señor».

Los 99 nombres de Allah

1. Dios. Allah.
2. El Misericordioso. Ar- Rahman
3. El Compasivo. Ar- Rahim.
4. El Soberano. Al-Malik.
5. El más Santo. Al-Quddus.
6. El Dador de Paz. As-Salam.
7. El Guardián de la Fe. Al-Mumin.
8. El Protector. Al-Muhaymin.
9. El Poderoso. Al-Aziz.
10. El Todopoderoso. Al-Yabbar.
11. El Glorioso. Al-Mutakabbir.
12. El Creador. Al-Jaliq.
13. El Productor. Al-Bari.
14. El Diseñador de Formas. Al-Musawwir.
15. El Perdonador. Al-Ghaffar.
16. El que controla todas las cosas. Al-Qahhar.
17. El dador de todas las cosas. Al-Wahhab.
18. El Sustentador. Al-Razzaq.
19. El que elimina las dificultades. Al-Fattah.
20. El Omnisciente. Al-Alim.
21. El limitador del sustento. Al-Qabid.
22. El que expande el sustento. Al-Basit.
23. El que rebaja y humilla. Al-Jafid.
24. El que eleva o exalta. Al-Rafi.
25. El que honra. Al-Mu`izz.
26. El que somete. Al-Muzill.
27. El que todo lo oye. Al-Sami.
28. El que todo lo ve. Al-Basir.
29. El Juez. Al-Hakam.
30. El Justo. Al-Adl.
31. El conocedor de los más íntimos secretos. Al -Latif.
32. El bien informado. Al-Jabir.
33. El Dulce. Al-Halim.
34. El Infinito. Al-Aziz.
35. El que todo lo perdona. Al-Gafur.
36. El más agradecido. As-Sakur.
37. El más digno. Al-Ali.
38. El grande. Al-Kabir.
39. El protector. Al-Hafiz.
40. El dador de fuerza. Al-Muqit.
41. El que es autosuficiente y auto-subsistente. Al-Hasib.
42. El Majestuoso. Al-Yalil.
43. El Noble Generoso. Al-Karim.
44. El que responde. Al-Muyib.
45. El Indulgente. Al-Wasi.
46. El Guardián. Al-Raqib.
47. El Sabio. Al-Hakim.
48. El Amoroso. Al-Wadud.
49. El Muy Glorioso. Al-Mayid.
50. El resucitador. Al-Ba`ith.
51. El testigo omnipresente. Al-Sahid.
52. La Verdad. Al-Haqq.
53. El Cuidador. Al-Wakil.
54. El Fuerte. Al-Qawi.
55. El Invencible. Al-Matin.
56. El Amigo. Al-Walí.
57. El más digno de alabanza. Al-Hamid.
58. El que lleva las cuentas. Al-Muhsi.
59. El Originador. Al-Mubdi.
60. El Regenerador. Al-Mu´id.
61. El Vivificador. Al-Muhyi.
62. El que da la muerte. Al-Mumit.
63. El dador de vida. Al-Hayy.
64. El Inmutable. Al-Qayyum.
65. El Perfecto. Al-Wayid.
66. El Único. Al-Wahid.
67. El Majestuoso. Al-Mayid.
68. El Benefactor. Al-Ahad.
69. El sostén universal. Al-Samad.
70. El que todo lo puede. Al-Qadir.
71. El Poderoso. Al-Muqtadir.
72. El que adelanta. Al-Muqaddim.
73. El que hace retroceder. Al-Muajjir.
74. El Primero. Al-Awwal.
75. El Último. Al-Ajir.
76. El evidentemente manifiesto. Al-Zahir.
77. El Oculto. Al-Batin.
78. El que dirige. Al-Wâli.
79. El que está por encima de los atributos de la creación. Al-Mutaali.
80. El Bueno. Al-Barr.
81. El que acepta el arrepentimiento. Al-Tawwab.
82. El que Impone el justo castigo. Al-Muntaqim.
83. El Indulgente. Al-Afúw.
84. El Bondadoso. Al-Rauf.
85. El poseedor del reino. Maliku l-Mulk.
86. El Majestuoso Benevolente. Ya Du l-Yalal wa-l-Ikram.
87. El Equitativo. Al-Muqsit.
88. El que Une. Al-Yami.
89. El Autosuficiente. Al-Ganiy.
90. El da suficiencia. Al-Mugni.
91. El que Imposibilita o dificulta. Al-Mani.
92.
93. El que causar pérdida. Ad-Dar.
94. El que concede bendiciones. An Nafi.
95. La Luz. An-Nur.
96. El Guía. Al-Hadi.
97. El Incomparable. Al-Badi.
98. El Duradero. Al-Baqi.
99. El Dueño de Todo. Al-Warith.

A través de su ejemplo, Mahoma invitará a sus correligionarios a intentar ser mejores personas, para lo cual será fundamental que todos se viesen como miembros de una misma familia. El musulmán era hermano del musulmán. No debía oprimirlo ni entregarlo a su enemigo, dejándolo sin ayuda. Quien liberaba de una pena a un musulmán, Allah lo liberaría a él de una pena el día del Juicio. Y quien cubría los defectos de su hermano, Allah cubriría sus defectos en el último día.

Abu Bakr trasmitió que el Profeta dijo: «Si dos musulmanes se enfrentan entre sí, tanto el que mata como el que muere obtendrán el castigo del fuego». A lo que Abu Bakr protestó: «Oh Profeta, el que mata se lo tiene merecido, ¿pero el que muere?». Entonces él contestó: «Así es, puesto que la intención del otro también era matar a su hermano».

El islam original podía asentarse en cuatro grandes premisas: adorar a Allah, obedecer e imitar a su mensajero, ser amable con los musulmanes y batallar contra los infieles. Una batalla exterior que se hacía interior cuando el enemigo a someter eran las bajas pasiones; de ahí que aprender a ser amable deba ir antes en esta lista que el acudir a la guerra santa.

Un buen creyente, según relató Abu Huraira, era aquel que no se metía en lo que no le concernía, puesto que la lengua podía ser tan peligrosa como la espada, sobre todo porque casi siempre la lengua solía estar más afilada. En cierta ocasión Aisha pronunció ligeramente ciertas palabras contra Safiyya, por lo que el Profeta le reprochó: «Oh Aisha, si esas palabras las echaras al mar, lo envenenarías por completo». Según otro hadiz, hay dos órganos que, cuando se saben controlar, todo el cuerpo está sano. Uno es el corazón —es decir, las pasiones— y el otro es la lengua.

Según la mayoría de eruditos, el Profeta siempre era el primero en saludar a quienes se cruzaba por la calle, incluyendo a un hombre de edad avanzada que se sentaba en la puerta de su casa a ver la vida pasar. No obstante, el anciano, cada vez que el Profeta lo saludaba, le escupía en la chilaba y le volvía el rostro, esperando así poder molestarlo. Sin embargo, el mensajero de Allah seguía su camino sin decir nada. Cada día se repetía la misma escena y cada día Mahoma recibía desprecios, insultos y escupitajos. Así las cosas, cierta mañana vio que el anciano no estaba en su lugar y se preocupó mucho, pensando que podía haberle sucedido alguna desgracia, por lo que decidió llamar a su puerta. Cuando el hombre abrió y vio que era Mahoma, temió que quisiera ajustarle las cuentas. Sin embargo, Mahoma le explicó que, al no verlo donde siempre, se había preocupado por su salud. El anciano, bajando la cabeza debido a la vergüenza, le confesó que efectivamente estaba enfermo. Entonces el mensajero de Dios fue al mercado y le compró alimentos, se los trajo, le hizo la comida y cuidó de él hasta que recobró las fuerzas... No sabemos si finalmente aquel hombre se hizo musulmán, pero lo que sí sabemos es que ya jamás volvió a negarle el saludo al Profeta.

Las reglas de decoro en el habla incluían evitar cualquier tipo de chismes, no hablar a espaldas de nadie, ser preciso y objetivo a la hora de narrar cualquier suceso, no mentir, hacer hincapié en las virtudes de la gente, no extenderse en el diálogo, escoger el momento adecuado para hablar, pero sobre todo, saber escuchar.

En cierta ocasión el Profeta ordenó que nadie dijera de su hermano algo que pudiera molestarle, por lo que una persona le preguntó: «¿Y si alguien sabe algo de su hermano que es verdad?». A lo que el Profeta replicó: «Precisamente eso es hablar mal de tu hermano, ya que si fuera mentira, además sería una calumnia».

Quien viese algo ilícito para Allah, debía impedirlo con sus manos; es decir, con sus acciones. Si no podía con sus manos, entonces con su boca; es decir, con palabras. Pero si tampoco podía con su boca, al menos debía rechazarlo con el corazón para no hacerse cómplice del delito..., aunque ese fuese el grado más bajo de actuación.

Cada día, el ser humano debía realizar tantas buenas acciones como pudiese: reconciliar a dos que se habían separado era una buena acción; ayudar a alguien era una buena acción; las buenas palabras y el camino a la mezquita eran buenas acciones; advertir a la gente de algún peligro era una buena acción.

Abu Talha era un hombre muy rico de Medina, el cual poseía los más bellos palmerales de toda la región. Cuenta Annas que lo que más le gustaba era pasear por sus campos, sobre todo por Bairuha, un oasis detrás de la mezquita del Profeta, quien también solía entrar a beber agua de sus manantiales. En estas, descendió una aleya que decía: «No alcanzaréis la virtud hasta que no deis de lo que más amáis». Entonces Abu Talha se dirigió al Profeta y le dijo: «Oh mensajero de Allah, he oído la última orden de Dios y lo que más amo de mis pertenencias es mi huerto de palmeras, así que te lo entrego para que hagas con él lo que Allah te inspire». Mahoma, sin salir de su asombro, exclamó palabras de alegría y devolvió el palmeral a su dueño, asegurándole que Allah premiaría con creces su generosidad.

Annas también contó que el Profeta solía advertir: «Tres cosas siguen al muerto hasta la tumba: su familia, su dinero y sus obras. De esas tres, vuelven dos: su familia y su dinero; y él únicamente se queda con sus obras».

No obstante, las buenas acciones no eran suficiente para ganar el Paraíso, también era necesario conocer a Dios. Según el Profeta, Allah dijo: «Quien se acerca a mí un palmo, yo me acerco a él un codo. Quien se acerca a mí un codo, yo me acerco a él una braza. Si alguien viene a mí andando, yo voy a él corriendo». Y también:

> Mi devoto no deja de acercarse a mí mediante los actos que yo he hecho obligatorios, luego continúa acercándose a mí a través de sus actos voluntarios hasta que yo le amo. Y cuando le amo, me convierto en las orejas con las que oye, en los ojos con los que ve, en las manos con las que toca y en las piernas con las que camina. Si me pidiese algo, yo se lo daría; y si buscase protección en mí, le protegería.

Abu Huraira recordó que Mahoma solía advertir: «Amigos míos, sed comedidos y rectos. Sabed que ninguno de vosotros se salvará únicamente por sus buenas acciones». Entonces alguien le preguntó: «¿Ni siquiera tú, oh mensajero de Dios?». A lo que Mahoma contestó: «Ni siquiera yo, a menos que Allah me cubra con su misericordia y su favor».

Las buenas acciones de un ser humano para con otro eran una fuente de riqueza para la vida del devenir. Según Abu

Hurarira, Mahoma dijo: «He visto a un hombre disfrutar de las delicias del jardín únicamente por haber cortado las ramas de un árbol que obstaculizaba el paso de los creyentes».

Los actos solidarios para con los ancianos y los padres eran más gratos para Allah incluso que la yihad. Abdullah ibn Masud trasmitió la siguiente conversación:

> Le pregunté al Profeta: «¿Cuál es la acción más querida por Allah?». A lo que el Profeta contestó: «Hacer las oraciones a tiempo». Dije: «¿Y después?». Respondió: «Hacer el bien a los padres». Dije: «¿Y después?». Contestó: «La lucha por la causa de Allah».

Según Amr ibn Shuaib, el Profeta dijo que no era un buen musulmán quien no tenía compasión por los pequeños ni respetaba a los mayores. El Profeta también aseguró que quien adoptaba a un huérfano o cuidaba de sus padres en la ancianidad, estaba tan cerca de él como el dedo índice del dedo corazón.

Incluso si un creyente actuaba de manera incorrecta, había que ser paciente, puesto que por haber pronunciado el testimonio de fe, ya se había ganado el Paraíso. Abu Huraira transmitió que un hombre se acercó al mensajero de Dios quejándose de unos parientes a los que, por más que atendía y otorgaba favores, ellos no le correspondían y le devolvían mal por bien. Así que el Profeta le ordenó:

> Si lo que dices es así, es como si estuvieras echando cenizas ardientes en sus bocas. Pero no te preocupes, porque Allah no dejará de ayudarte mientras tú persistas en tu paciencia y buenas acciones hasta que ellos lleguen a corresponderte.

De Abu Said se transmitió:

> Quien tuviese dos monturas, le cediese una a quien no tuviese. Que quien tuviese provisiones de más, le diera a quien no tuviera nada. Así el Profeta fue mencionando toda clase de riquezas y bienes hasta que nos dimos cuenta de

> que ninguno de nosotros tenía derecho a tener algo de más mientras le faltase a otro.

Empero, también los animales serán merecedores de la compasión humana, como asegura el relato donde un hombre sediento se encontró por fortuna con un pozo en el que pudo beber. No obstante, cuando el hombre estuvo recuperado, vio a un cachorrillo lamiendo la arena para saciar su sed, por lo que pensó: «Este pobre animal se encuentra en el mismo estado de necesidad que estaba yo». Así que, apiadándose de él, bajó al pozo y llenó su calzado de agua para que el cachorrillo bebiese. Al oír esto, algunos preguntaron: «Oh mensajero de Allah, ¿hay recompensa para nosotros si hacemos el bien a los animales?». A lo que el Profeta contestó: «En cada ser vivo al que se le haga bien, hay recompensa».

Tasawwuf

«Nunca hubo más trinidad que la del Amante, el Amor y el Amado». (*La Taberna del Derviche*)

Desde que tengo uso de razón he buscado las huellas de Dios por todo el mundo. He subido al monte Sinaí, descendido al mar Muerto, escalado algún que otro pico del Himalaya y pasado algunos meses junto al XIV Dalai Lama en Dharamsala, quien, por otra parte, me otorgó una bendición muy especial. He estudiado el judaísmo en Tierra Santa, visitado innumerables veces Jerusalén, Belén, Betsaida, Cafarnaúm, Damasco... He tomado Ayahuasca y Peyote en Sudamérica, me he introducido en un Temazcal y he asistido a algún que otro rito de iniciación con los indios norteamericanos. Me bauticé en Betania, me adentré en los bosques más remotos y en las cuevas más oscuras de Irlanda siguiendo al hado de mis sueños hasta Patmos, Roma, París, Etiopía... He visto la aurora boreal en Islandia y he recorrido el Mediterráneo, el Egeo, el Nilo y el Yamuna. Me he escondido dentro de las pirámides de Egipto y de México para poder sentir su poder. Pero no fue hasta el año dos mil tres cuando me decidí a leer el sagrado Corán.

Debo reconocer que, al acabarlo, no me dijo nada. Sinceramente, lo encontraba demasiado parecido al Antiguo Testamento, que yo ya sabía de memoria. Si el Corán ordenaba:

«Combate contra los que no creen y contra los hipócritas, y sé duro con ellos» (66; 9). Y también: «Combatid por Allah y sabed que Allah todo lo oye y todo lo sabe» (2; 244). La Torah no se quedaba corta, diciendo: «Sacad al blasfemo fuera del campamento y todos los que lo oyeron que pongan las manos sobre su cabeza y luego que toda la congregación lo apedree» (Levítico 24; 13). Y también: «Los que adoren a otros dioses, o al sol o a la luna, o a los ejércitos del cielo, que sean lapidados» (Deuteronomio 17; 2).

Así las cosas, tal vez movido por algún karma interior, decidí comenzar a realizar el *salat*—la oración islámica—, y debo reconocer que aquello sí que me fascinó. Unos días más tarde daría comienzo el sagrado mes de ramadán, por lo que también decidí preguntar a los musulmanes que me encontrara en mi camino cómo debía realizar el ayuno. Aunque primeramente sus rostros mostraban asombro y desconfianza, poco a poco fui ganándome su cordialidad y por fin alguien me explicó cómo debía ayunar correctamente. Al final de los veintinueve días, decidí que estaba listo para pronunciar el testimonio de fe, por lo que me subí al coche y conduje más de cien kilómetros hasta llegar a Granada. La Mezquita Mayor se asomaba sobre el Albaicín, mostrando una hermosísima estampa de la Alhambra. Con el corazón en un puño, llamé al portero automático. Al cabo de un rato salió un hombre. No obstante, bajando la cabeza, me dijo que no quedaba nadie en la mezquita, puesto que, al final del ramadán, toda la comunidad solía pasar tres días de celebraciones en el campo. Tras escuchar sus palabras, el alma se me cayó a los pies y toda la ilusión que había albergado se convirtió en desesperanza. Tanto fue así que la hora y media de regreso a casa me la pasé llorando como un niño. Eso, según me explicaron después, es el espíritu del *tasawwuf*. Con todo y con eso, a pesar del primer desengaño, no me di por vencido y a la semana siguiente regresé para cumplir por fin el sueño de hacerme musulmán.

> Se transmitió de Abdullah ibn Ash-Shijir: «Fui a ver al mensajero de Allah y lo encontré rezando. Y salía de su cuerpo un sonido como el borboteo del agua de una olla hirviendo debido al llanto».

Cuando comencé a recorrer los caminos de la mística islámica, me encontré en Marruecos con un extraño personaje que me dijeron que era un viejo sufí. Yo, que por entonces no sabía nada de sufismo, me acerqué a él y le pregunté qué era el *tasawwuf*. Ante esto, el anciano cogió mi mano y la puso en su pecho, a la altura del corazón. Después me miró fijamente y sentí que, de alguna manera, podía asomarse y ver en lo más recóndito de mi alma. Luego los dos nos echamos a llorar. Así, pasados unos instantes de íntima comunicación, me soltó la mano, apartó su mirada y me dijo: «Lo que acabas de percibir es sufismo. Lo siento, pero no sé explicártelo de otra manera». Desde aquel momento supe qué dirección debía de tomar mi vida...

El sufismo es la corriente extática surgida en el seno del islam contraria a la ortodoxia. La palabra *sufí* viene del árabe y significa «lana», ya que los sufíes eran reconocidos por vestir prendas muy humildes. Después, los persas les dieron el nombre de *derviches*, que significa «aquellos que esperan en la puerta», tal y como solían hacer los compañeros del Profeta, los cuales esperaban en la entrada de su casa las nuevas revelaciones coránicas. Quizás la imagen más conocida de los derviches sean los miembros de la cofradía mevlevi, sobre todo en Turquía, famosos porque bailan sobre sí mismos mientras hacen girar sus grandes faldas blancas.

Cuando los contemporáneos del profeta Muhammad aceptaban el islam, repetían públicamente el testimonio de fe. ¡Ya eran musulmanes! Pero años después, como ya hemos apuntado, el Profeta condujo a unos pocos bajo un árbol antes de entrar en La Mecca y allí les pidió que renovaran su juramento de fidelidad, estrechando su mano. Aquel fue el principio de la cadena de oro de la mística islámica, reservada solo para la élite espiritual.

Si el islam es la religión externa, el *tasawwuf*, o sufismo, es la religión interior, la experiencia extática donde los noventa y nueve atributos de Allah se funden en uno solo: el amor. Un amor tan grande que no deja espacio en el alma ni siquiera para odiar al diablo.

> Algunos rezan a Dios porque son agradecidos, otros para pedirle cosas, muchos lo hacen para desahogarse y unos pocos porque encuentran paz. Todas estas razones son correctas, pero la oración del amor es la mejor y la más extraña. Aquí se da una curiosa paradoja, y es que a través del amor, el derviche se convierte en orante, orado y oración. Un secreto que, dicho en voz alta, suena a herejía; pero que sin embargo es la base en la que se sustenta el islam interior. (*99 Cuentos y Enseñanzas Sufíes*)

La palabra *sufismo* comprende mucho más que una corriente o escuela de pensamiento islámico. El *tasawwuf* es la más alta expectativa del ser humano; algo que va más allá de las religiones. Cualquier religión ata, esclaviza, amordaza... En cambio, la experiencia directa con la divinidad libera al ser humano de las cadenas de la ignorancia, del ego, de la violencia y de todo lo que no sea Dios. El sufismo es un sentimiento y un modo de afrontar la vida en todas sus facetas. Una incertidumbre que debe de ser desvelada y un rumor en el alma que te lleva a buscar el agua de la vida, y más aún, su fuente.

Sufí y *derviche* significan lo mismo: aquel que ha descubierto que en algún rincón de su alma hay un templo, una mezquita, una sinagoga... Un lugar de oración desde donde puede comunicarse con esa fuerza creadora de la que se ha enamorado y, por tanto, la busca tanto dentro como fuera. La religión de los derviches es el camino hacia esa capilla interna, donde el amor es su verdadera fe y su doctrina. Por tanto, y bajo esta perspectiva, comete pecado de idolatría quien adora a otra cosa, incluso aunque sea su propia religión, en lugar de adorar a Dios.

Todo lo que no sea amor, es un ídolo falso, y sus voceros son falsos profetas, puesto que si bien únicamente hay un dios verdadero, también hay infinidad de becerros de oro que el hombre ha confundido con la divinidad. Servir a estos ídolos esclaviza no solo el alma del ser humano, sino también su cuerpo y hasta su propia existencia. El derviche considera que la vida en este mundo es una cárcel para el creyente; en cambio, es el jardín del Edén del incrédulo.

> Desafortunado es el esclavo del dinar y del dírham, del tejido aterciopelado y de la túnica bordada. Cuando se le dan, está satisfecho; pero si no se le dan, se siente infeliz. (*Sahih Bujari*)

Para el sufismo, los amantes no son musulmanes, ni judíos, ni cristianos, ni budistas..., sino solo amantes, por lo que son a la vez judíos, cristianos, musulmanes y budistas, ya que han comprendido qué es la unicidad en el amor, y, comprendiendo esto, han conocido quién es Dios.

> En tu luz, aprendo a amar. En tu belleza, cómo hacer poemas. Bailas dentro de mi pecho donde nadie te ve; pero a veces yo te veo, y esa visión se convierte en este arte. (Djalal al Din Rumi)

El ser humano externo piensa que se puede alcanzar la felicidad yendo detrás de cosas materiales, pero el cementerio está lleno de personas con mucho dinero que sin embargo murieron siendo infelices. El derviche ha descubierto que el conquistador, por tener que cuidar de lo que conquista, se hizo esclavo de lo que conquistó. ¡Por eso el *tasawwuf* te invita a viajar libre! El derviche se ha enamorado de la libertad y se dedica a buscar con todas sus fuerzas el camino de la sabiduría del alma, de la ciencia del espíritu, el sabor del vino de la unicidad en el amor. Lo que para el mundo es día, para el derviche es noche. Lo que para el mundo es abundancia, para el derviche es pobreza. Por eso, quienes los ven danzar creen que están locos, puesto que no pueden escuchar la divina música que los mueve.

> Y el Señor, antes de que naciéramos, nos susurró en el alma: «Te enseñaré un salmo nuevo. Mientras todos duermen, Yo te lo cantaré. Velaré por ti y no me lo agradecerás. Iré a tu encuentro y me huirás. Te mostraré mis caminos y no los aprenderás. Entonces me esconderé para que me llames. Me apartaré de ti para que me eches de menos. Callaré y nunca más me oirás. Porque me he dado por completo al ser humano, pero el ser humano ha querido

más. Ahora, solo quien me busque, me volverá a encontrar. Por eso debes amarme mucho, para que Yo te vuelva a amar. Por eso debes recordarme mucho, para que Yo, que nunca te he olvidado, sin embargo, te vuelva a recordar». (*99 Cuentos y Enseñanzas Sufíes*)

Fieles a su espíritu de sencillez dentro de la complejidad del alma, los místicos islámicos empezarán a cifrar su sabiduría en pequeños cuentos que únicamente un selecto grupo podrá comprender e interpretar; aquellos que no se han olvidado de su niño interior.

Los sufíes conocen que la distancia más corta entre la verdad y nuestro corazón es un cuento; por tanto, cada cuento que crearon es capaz de mostrarnos un camino hacia nuestro interior. ¡Por eso son tan importantes! Porque, de una manera sencilla y humilde, los maestros eran capaces de revelarnos los secretos ocultos que llevamos escondidos en nuestra conciencia.

Los cuentos espirituales son joyas de la cultura de cada nación. Anthony de Mello solía narrar que, mucho tiempo atrás, el diablo salió a pasear por el mundo junto a uno de sus hijos, cuando de repente descubrieron a un hombre agachado en el suelo. «¿Qué busca ese ser humano?», preguntó el diablillo. «Un trozo de la verdad», contestó Satanás. «¿Y no te preocupa?», volvió a inquirir el pequeño demonio. «Ni lo más mínimo». Siguió el diablo: «Si llegara a encontrarlo, yo haría de ello una creencia religiosa».

¿Quién, hablando de cuentos, no ha tenido noticias de las peripecias del contemplativo Nasrudín? Nasrudín vivió en torno al siglo XIII, siendo uno de los grandes exponentes de su cultura, al cual se le atribuyen miles de sucesos. Los místicos islámicos, conscientes de la imposibilidad de trasladar su herencia espiritual al lenguaje ordinario, prefirieron sobre todo el uso de la parábola, de la analogía y de los cuentos, a veces incluso en clave de humor, para encerrar lo que no podía ser encerrado y para contener lo que no podía ser contenido. La creencia popular entre las cofradías de derviches que aún sobreviven es que, quien estudie tan solo siete de estos cuentos, medite en ellos y extraiga sus significados ocultos, se convertirá en un maestro de vida.

> Hace mucho tiempo vivió en El Cairo un derviche extremadamente pobre que tenía el don de sanar algunas enfermedades, por lo que en cierta ocasión un sacerdote muy vanidoso se le acercó y le dijo: «Si realmente eres capaz de hacer milagros, ¿por qué no haces uno contigo para mejorar tu situación?». A lo que el derviche contestó: «¿Y quién te ha dicho a ti que mi pobreza sea una enfermedad y tu riqueza sea una virtud?».

Los cuentos, cuando son de verdad, tienen la capacidad de mover algo en nuestro interior para hacernos cantar, danzar o recitar poesía. A ese milagro yo le llamo «el despertar de nuestro niño interior». Porque es realmente ese niño o niña que llevamos dentro quien responderá y comprenderá el juego simbólico que se esconde detrás de cada enseñanza secreta.

En Irlanda suelen decir que únicamente los niños, no importa de qué edad, son capaces de ver el arcoíris. El arcoíris, por otra parte, no es más que el reflejo de la mente y de los sueños de todos los niños. Esa rendición ante lo que no conocemos se llama inocencia y humildad; dos características fundamentales para convertirte en un derviche.

> Moisés dijo: «Amarás a Dios y a tu prójimo». Pero algunos hombres entendieron: «Matarás a Dios y a tu prójimo». Y otros: «En el nombre de Dios acabarás con tu prójimo». Viendo esto, Moisés volvió a explicarles: «Recordad siempre que Dios es amor». Pero algunos entendieron: «Recordad que Dios es temor». Y otros, que Dios era un castigador. Desalentado y triste, Moisés comprendió que nadie podía entender sus palabras porque cada uno las interpretaba conforme a lo que tenía en su corazón…, así que simplemente calló. Y, desde ese momento y hasta que llegó Jesús, Dios fue silencio y solamente en el silencio podías escuchar su voz. Luego, con Jesús, Dios se convirtió en servicio; y solo sirviendo a los demás podías encontrarte con la mirada del Señor. Por último, con Muhammad, Dios dejó de pertenecer a un solo pueblo y se convirtió en el Dios de toda la humanidad. (*Jesús no era cristiano*)

Si el alma está preparada, como el almuédano que canta desde el alminar, la voz de Allah te llama, te embelesa, te hechiza y te enamora. Si eres parte de Él, te fundes en Él y ya no hay dos, sino uno. Por eso en las mezquitas no hay nada y todo a la vez. Así, el derviche es quien se ha hecho desierto, quemándose al calor del sol de su Señor que, cuando lo ha visitado, lo ha llenado de su espíritu. Entonces debe girar, cantar, gritar, llorar o recitar poesía, porque es tan fuerte el éxtasis que no lo puede soportar. Y, contrariamente a lo que algunos piensan, los sufís no giramos para alcanzar otro estado superior de consciencia, sino que es porque se nos ha concedido llegar a ese otro estado superior de consciencia que giramos, desparramando por doquier la alegría divina que nos embriaga.

> Cuando llegué a Delhi me encontré con un maestro sufí llamado Baba, quien me acogió amablemente en su casa. Recuerdo que un día me llamó y me pidió que rezara delante de una cortina. Después de inclinarme y de postrarme, Baba retiró la cortina y, para mi sorpresa, descubrí el rostro de otro chico delante de mí, sentado sobre sus rodillas, que, como yo, también había terminado de rezar. Entonces Baba nos miró y dijo: «He levantado la cortina para que veáis que vuestro corazón se ha inclinado ante el corazón del otro. Que lo más sagrado que tenéis se ha postrado ante lo más sagrado que el otro tiene. Hijos míos, debéis esforzaros siempre por ver a Dios en vuestros semejantes. Dios está ahí, en vuestros pechos y en los corazones de todos los seres. ¡Esa es la verdadera Kaaba! Ahora que ya conocéis dónde está la casa de Dios, nunca más penséis que alguien es distinto de vosotros porque tenga otra religión o porque piense de manera diferente. Inclinaos siempre ante lo más sagrado que hay en los seres, sabiendo no obstante que es un reflejo de lo que vosotros sois también...».
> (*La Taberna del Derviche*)

En lugar del escudo y de la espada, los derviches utilizarán el recuerdo de Dios como arma para luchar contra las tentaciones de este mundo; una yihab mayor que en su caso sí era una batalla exclusivamente espiritual. Con los ojos del amor, verán en Muhammad al hombre más humilde, y encontrarán en Allah al dios más misericordioso. ¡Qué bella mirada la que se esfuerza por ver siempre lo mejor en los demás! ¡Qué gran ejemplo de vida!

> El Profeta Muhammad dijo: «La noche que subí los Siete Cielos hasta los pies de mi Señor, pasé al lado de un hombre extinguido dentro de la luz del Trono. Pregunté entonces a Gabriel: "¿Quién es este, un ángel?". Se me dijo: "No". Y pregunté de nuevo: "¿Es un profeta?". Y se me dijo: "No". "¿Entonces quién es?", inquirí finalmente. "Este es un hombre que, mientras estaba en el mundo, su lengua estaba constantemente húmeda con el recuerdo de Allah y su corazón estaba

unido a las mezquitas. Era un ser humano normal, con sus virtudes y defectos, pero, cuando recordaba a su Señor, superaba su humanidad y trascendía hasta llegar a lo más alto"».

Incluso las extenuantes obligaciones religiosas, para un derviche, eran motivo de inspiración con la que crear algún cuento que alentara al devoto a cumplir sus deberes espirituales.

> Hace mucho tiempo, de camino a Sudán, un hombre occidental acampó en mitad del desierto cuando de repente, de entre la oscuridad de las dunas, vio aparecer a un anciano. Su larga barba le llegaba hasta el pecho y llevaba además un turbante que le cubría la cabeza. Entre las manos sostenía un pequeño collar de cuentas que pasaba lentamente una a una, casi al compás de su respiración. Con la voz calmada, el anciano pidió permiso para sentarse junto a la hoguera. Como manda la tradición del desierto, ambos compartieron té y comida, y la conversación derivó hacia Dios y sus profetas. El extranjero, hablando de Jesús, se sintió emocionado, por lo que el anciano le preguntó: «¿Eso que dices lo sabes por ti mismo o porque lo has leído en algún libro?». El extranjero, sorprendido, respondió que es lo que ponía en la Biblia, por lo que el anciano le reprochó: «¡Ay, amigo mío, deberías entrar en la casa por la puerta!». Ante el desconcierto de su contertulio, el anciano continuó: «Buscando a Jesús, te has olvidado de Dios. Y, sin embargo, para Jesús, Dios era lo primero. Por eso digo que debes recapacitar y, antes de seguir, debes solucionar un problema que tienes». El hombre, reflexionando, finalmente preguntó: «¿Cuál es ese problema?». A lo que el místico le respondió: «¡Que no eres musulmán!». Al cabo de algunos años, el extranjero regresó a aquel lugar, acampó justo en el mismo sitio y se sentó a esperar. Al cabo de un rato, como la vez anterior, la figura del anciano apareció de entre la oscuridad de las dunas. «¡Me mentiste!», exclamó el extranjero mientras su invitado tomaba asiento a la vera de la fogata. «¿En qué te mentí?», preguntó el anciano. «Me dijiste que tenía un problema, que no era musulmán. Bien, ahora soy musul-

mán y tengo cien problemas más que antes. ¡No quiero para nada tu religión, te la devuelvo! Desde que la acepté no he tenido un solo día de paz». Entonces el anciano admitió: «Ciertamente nuestra religión no se retira del lugar donde se aposenta hasta haber barrido y aseado la casa y haber desarraigado todo de donde estaba. ¿Qué problemas tienes ahora, hermano?». «Ahora tengo que rezar cinco veces al día», dijo el hombre sonriendo. «También tengo que ayunar el mes de ramadán, aprender el Corán, ayudar a los pobres, seguir el ejemplo de los profetas y hacer la peregrinación a La Mecca. ¿No te parece que ahora tengo más problemas que antes?». «¡No!», dijo el derviche sin poder parar de reír. «Antes no eras consciente de que tenías que hacer todas estas cosas y ese era el gran problema. Ahora Dios te ha quitado el velo de los ojos y puedes ver. Lo que hoy tienes no son problemas, es la yihad; lo que significa que tienes que luchar contra las adversidades de esta vida en el retorno hacia Dios. La puerta es: La ilaha ill Allah. Ahora que ya has entrado, puedes seguir tu camino hacia el trono de Dios».

PRÁCTICA SUFÍ

Semejante a la oración de los ángeles son las cuatro palabras que el derviche repite sin cesar: «Subhanallah» —Gloria a Dios—, «Alhamdulillah» —Alabado sea Dios—, «La ilaha ill Allah» —No hay más dios que Dios—, y «Allah u Akbar» —Dios es el más grande—. Dicen que estos cuatro mantras están cosidos al alma del suplicante con un hilo de oro. La primera palabra surge espontáneamente cuando el derviche se sienta bajo el cielo infinito, cuajado de estrellas, y desde lo más profundo del corazón se le escapa un suspiro de admiración: «Subhanallah». Con la repetición de esta palabra puede acceder a la estación de Noé. No obstante, esta sabiduría lleva a la vez escondido un precio, el de cambiar la orientación de nuestra vida material por otra más espiritual. Será entonces cuando el derviche empiece a ver milagros por todas partes y de ahí nacerá la siguiente exclamación: «Alhamdulillah». Cuando la boca ya se haya acostumbrado a entonar estas dos alabanzas y la mente vaya silenciando sus ruidos, el ser humano se dará cuenta de que Dios está en todos lados, incluso dentro de nosotros mismos. Nada puede contener a Dios, pero Dios puede contenerlo todo. Así, el alma alcanzará la unicidad de la mente menor con la Mente Mayor y repetirá sin cesar: «No hay más dios que Dios.» En esta estación, Dios baja a visitarnos y se contempla en el espejo de nuestro corazón para reconocerse en él. Aquí, en el alma del devoto ya no debe haber lugar para otra cosa que no sea amor y devoción; por eso no parará de decir que Dios es grande, «Allah u Akbar». Será entonces cuando el derviche acceda al cielo donde los ángeles cantan alabanzas al Señor de los mundos. En ese lugar se oyen las cuatro frases juntas incesante e infinitamente. Esa región es una gran mezquita, es la verdadera Taberna del Derviche, la puerta donde los sufís esperan tener noticias del Señor. Allí podemos buscar nuestro lugar y descansar cantando esta oración, bebiendo el vino de amor, un dulce néctar que nuestro credo no prohíbe. Muchos otros suelen repetir estas cuatro palabras pero, ¿cuántos saben los secretos que realmente esconde su recitación?

> «Hay algo en el ser humano que no está sometido al cambio. Una parte inmutable del alma de la que el alma toma su propio nombre. Hay un ser perfecto que nos habita, el hombre verdadero que se oculta en el interior del corazón. Por tanto, primero debemos comprender que el corazón es la puerta, y que más allá de la puerta se esconde eso que somos, que hemos sido y que seremos. No obstante, ¿cómo abrirla? ¿Cómo tener acceso a la realidad del ser si no es a través de la experiencia de ser? ¿Qué libro sagrado puede haber mayor que la verdad que oculta mi corazón? ¿Dónde me encontraré si no es en mí mismo? ¿Quién es ese dios que me habita y cuál es su nombre?». Manuel Fernández Muñoz

Lo que hay en mi Corán

«Quien come del fruto del conocimiento siempre es expulsado de algún Paraíso». (Melanie Klein)

En el libro de Idries Shah, *La Sabiduría de los Idiotas,* encontramos el cuento de cierto derviche de la orden Bektashi, el cual era respetado por su piedad y su virtud. Siempre que alguien le preguntaba cómo había llegado a ser tan sabio, invariablemente respondía: «Porque sé lo que hay en mi Corán [Corazón]». Un día, cierto monje cristiano oyó esta respuesta y le preguntó: «Bueno, ¿y qué es lo que hay en el Corán?». «En el Corán —respondió el derviche— hay dos flores prensadas y una carta de mi amigo Abdullah».

Para los derviches, el islam no significa ni violencia, ni dualidad, ni ira, sino sencillamente «recuerdo de Dios». Y Muhammad tampoco habría sido un dictador que pretendió que toda la humanidad hincase la rodilla ante sus desvaríos místicos, sino alguien que nos amó tanto, que dedicó toda su vida a difundir el mensaje de unidad de su nueva religión. Allah, por tanto, tampoco es un juez severo al que hay que temer, sino un amigo que te invita a que lo conozcas, ya que de esa manera te conocerás a ti mismo.

Posiblemente el ángel Gabriel no trajo a Muhammad algo diferente de Muhammad. Tan solo le dijo: «Lee en tu interior, en tu corazón, donde guardas tu anhelo por Dios, y expresa lo que ves ahí». Gabriel no bajó un manuscrito, ni tablas de piedra, ni hojas de palma..., tan solo una exhortación: «Lee en tu interior». Por lo que, al final, puede que todos estemos buscando a un dios a nuestra imagen y semejanza para adorarnos a nosotros mismos.

Siguiendo sus órdenes, Muhammad encontró el Corán, el máximo exponente de poesía árabe de su época, y los gnósticos de su linaje lo siguieron, dando a luz a los diwanes —libros piadosos— más fabulosos de todos los tiempos, donde se guardaba el tesoro del amor y las revelaciones del alma de quienes se han enamorado de la Inmensidad. Por esta clase de hechizo, cuando los hombres y mujeres miramos en nuestros corazones, como Muhammad, solo podemos decir: ¡El Señor es el Más Generoso!

> «Cada vez que el ángel le entregaba los versículos al Profeta, él ya los había encontrado en su corazón». Sheij Abdul Qadir Jilani.

Si buscamos a Dios en una religión, únicamente encontraremos una religión. Si buscamos a Dios en un edificio, únicamente encontraremos piedras y argamasa. Si buscamos a Dios en un libro, únicamente encontraremos hojas de papel manchadas de tinta. Pero si buscamos a Dios en nuestro interior, descubriremos que hay algunos destellos que brillan en el corazón que se nos permite divisar, y otros destellos a los que se nos permite entrar. Esos en los que podemos entrar son los cielos de los profetas a los que hemos tenido acceso, mientras que los que podemos divisar son los que todavía nos quedan por subir. De ahí podemos deducir que el viaje nocturno del Profeta nunca se dio hacia fuera, sino que en realidad fue un viaje interior hasta que divisó el sanctasanctórum de su corazón, donde Dios moraba.

Recuerdo que, en cierta ocasión, me encontré con un anciano en la mezquita de Hasan II, al cual, como no podía ser de otra forma, le sorprendió que un occidental hubiese pronunciado el testimonio de fe islámico, por lo que quiso invitarme a su casa. Dentro de su humilde residencia, un té moruno y algo de cuscús acompañaron la velada. No obstante, antes de despedirnos, el hombre extendió su mano y me regaló un rosario. Yo sabía bien que rechazar un regalo, en la cultura árabe, era de muy mala educación, pero era tal su pobreza y la precariedad en la que vivía, que fui reticente. Obligado, finalmente cogí la cadena con ternura y me sorprendí al contar cien perlas en lugar de noventa y nueve, por lo que no dudé en preguntarle sobre esta última.

> Querido hijo —me contestó—, la perla número cien es el nombre que Dios te revelará a ti, con el que tú lo conocerás, el nombre que deberás buscar. No hay ningún mérito en que conozcas a Dios por las experiencias que otros tuvieron. Debes conocer a Dios a través de ti mismo. Hasta que no consumes esta búsqueda, el misterio de la perla número cien estará velado para ti, como está velado para tantas otras personas...

Sin salir de mi asombro, me quedé mirando el rosario y algo en mi interior se movió. De alguna manera me sentí como Perceval cuando vio pasar el Grial en el castillo del rey Pescador. Aquella pregunta fue el principio de todo...

Se dice que el buscador debe viajar desde lo conocido hacia lo desconocido. Muhammad dejó La Mecca para instalarse en Medina. Moisés cruzó el mar Rojo, que simbolizaba la muerte, para llevar al pueblo elegido hacia una vida al servicio del Señor. Jesús venció las tentaciones en el desierto y experimentó la teofanía que lo convertiría en un hijo de Dios tras su bautismo... Esa vivencia lo cambió y ya jamás volvió a ser el de antes. De igual manera, para encontrar a Dios, hay que recorrer el sendero de sus nombres hasta hallarlos en nosotros mismos. Solo así podremos decir que Allah no es un dios desconocido y oculto, sino parte de nosotros mismos.

Cada vez que miraba la perla número cien, sabía que todavía no había llegado a cumplir el objetivo que se me encomendó, y de esa manera me enamoré del misterio de un dios interior y exterior que todavía me tiene cautivado. Él está a mi derecha e izquierda, delante y detrás, arriba y abajo, dentro y fuera. Para mí, la pregunta no es dónde está Dios, sino dónde está el hombre en Dios.

Buscándolo, me di cuenta de que realmente es Él quien nos busca. Así fui encontrándolo primero en las oraciones de mi abuelita, cuando, a solas, se escapaba de casa para acudir a una pequeña y humilde capilla, y allí, en silencio, volcaba su alma a un dios que era todo compasión. Aunque ella casi no sabía ni leer ni escribir, conocía bien lo que había en su Corán. Luego en mi madre, cuando, con lágrimas en los ojos, le pedía a Dios por la felicidad de sus hijos, olvidándose de que ella misma tenía un cáncer que trataba de devorarla por dentro. Un dios que igualmente nos velaba, nos guardaba, nos escuchaba, y que era todo compasión.

La palabra *compasión*, en árabe, significa «aquello que hace que se te muevan las entrañas». Ni mi madre ni mi abuelita eran musulmanas, pero su Dios era también mi Dios. Un dios al que se le movían las entrañas cuando veía el sufrimiento de sus hijos. Mi Dios era también el de Jesús, que lo enviaba a los caminos a buscar a los desahuciados, a los malditos, a los marginados y a las pecadoras para sentarlos en su mesa y ofrecerles las primicias del reino. Un dios que dejaba de estar oculto en el templo, solo al alcance de unos pocos, y que salía al encuentro de los más necesitados. Mi Dios era el amigo-amado de Djalal al Din Rumi, por quien suspiraba como un mozalbete enamorado y se derretía en su amor danzando, cantando o haciendo poesía. Aquel dios que recién estaba descubriendo era puro amor. Pero el amor, cuando toca a un amigo, se convierte en amistad; cuando toca a alguien que sufre, se convierte en misericordia; cuando ve jugar a un niño, se convierte en ternura; ante el abrazo de una esposa, se transforma en dulzor, y frente a la mirada de los padres, se convierte en respeto.

El dios de mi Corán me guiaba por el camino del amor, mostrándome todas sus formas para que pudiera enriquecerme y conocerlo como quería ser conocido. ¡No era alguien lejano que guardaba silencio! ¡No era alguien que me ordenaba quitar la vida al judío, al cristiano o al ateo! Era el dios que se me había manifestado en mis lágrimas de emoción frente al Muro de los Lamentos, dentro del Domo de la Roca en Jerusalén y a la vera de la Kaaba en La Mecca. He conocido al dios que te da la mano para levantarte cuando has caído, al dios que te escucha cuando le hablas con el corazón, pero también al que se hace el sordo cuando lo único que hacemos es repetir letanías que hemos desprovisto de significado. He conocido al dios que me dijo:

> Habla de mí como si fueras un ladrón en la noche. Yo escucharé tu canto aun si lo entonas en medio de la multitud. Esconderás mi secreto aunque lo reveles abiertamente. Ocultarás mi nombre para no producir escándalo. Me llamarás a gritos y te responderé. Me guiñarás un ojo y te veré. Seré tu valedor en esta vida y en la otra. Tú estarás a mi servicio. Te elijo para mí; no te atrevas a querer compartirme con otro. Graba mi recuerdo en sus corazones. ¡Recordadme, que yo os recordaré! ¡Amadme, porque yo os amé primero! Diles que me hagan en sus corazones un templo limpio, bien preparado y dispuesto. A escondidas, llámalos al buen camino, condúcelos hasta mi puerta. Engaña a su ego con mi verdad. Mueve tu boca y encontrarás mis palabras, alza tu rostro y me verás. En lo más profundo de tu alma habito, no niegues mis signos ni intentes silenciar mi voz. Diles que me escondo a la vista de todos. ¡Buscadme, que yo os encontraré! Viste ropas humildes, pues me son agradables, y habla a las personas según su entendimiento. Sé honrado, aunque el mundo no lo sea. Sé generoso, aunque los hombres no lo sean. Sé bueno, porque bueno soy yo. Te ordeno el amor y el recuerdo. No faltes a mi encuentro.

Dentro de mi Corán he descubierto al dios confidente que se esconde tras la belleza de una rosa, en el canto de los pajarillos, en las travesuras de mis sobrinos y en el cielo estrellado. Soy amante y siervo del dios que te ruega por tu amor, porque Él te amó primero; y así descubrí que, entre los dos, Dios siempre fue quien más me amó. ¡Ese es Allah, mi Dios!

Puede que no haya más dioses, pero sí hay otros coranes donde se muestra una imagen de Dios distorsionada e incompleta. Unos coranes donde el mayor atributo de Dios no es el amor, sino el odio. El odio, cuando está cerca de lo que no conoce, se siente amenazado. Cuando se siente amenazado, se vuelve violento. Y cuando se vuelve violento, trata de destruir la causa de su mal. No obstante, el odio, como ese dios sanguinario, no existe, puesto que simplemente es falta de amor.

De la misma manera que si encendemos la luz, toda la oscuridad se desvanece. Cuando encendemos el amor, encendemos a Dios, y todos los ídolos falsos regresan a la nada de la que surgieron. Por tanto, ser musulmán no consiste en someternos al odio de una imagen de Allah distorsionada, sino encender la luz de nuestro Corán para descubrir por nosotros mismos el nombre que oculta la perla número cien de nuestro propio rosario. Personalmente, prefiero considerarme el hijo de un dios que me ama al esclavo de un dios tirano.

> Y mantente con paciencia al lado de aquellos que invocan a su sustentador mañana y tarde, buscando Su faz. Y no permitas que tus ojos pasen sobre ellos en busca de las galas de este mundo. No prestes atención a aquel cuyo corazón hemos hecho negligente de nuestro recuerdo porque ha seguido siempre sus deseos, abandonando todo lo que es bueno y verdadero. (Sura 18; 28)

Nombre número cien: El infalible maestro. Al-Rashid.

Nadie puede despertar escuchando a personas que te dicen que estás dormido, ni leyendo libros de aquellos que dicen estar despiertos. Si quieres encontrar el camino, rompe la brújula. Si quieres vivir el tiempo, rompe el reloj. Para despertar debes dedicar todo tu esfuerzo a salir del sueño. El sueño comienza cuando buscas trozos de Dios y olvidas su unicidad. Si solo conoces partes de Dios, acabarás atrapado en la separación, enamorado tal vez de esos trozos que a la postre te conducirán a la perdición. La tierra y la arena están ardiendo. Si quieres encontrar el camino, apoya tu rostro sobre la arena ardiente y sobre la tierra del desierto, ya que todo herido por el amor debe llevar en su frente la marca de la herida. La cicatriz tiene que estar a la vista, no solo en tu interior. Deja que se vean los jirones de tu corazón, porque el que transita el camino del amor y del conocimiento es reconocido por sus cicatrices y juzgado por su devoción. Si ese no es tu caso, sigue durmiendo el sueño de la separación. Dios es el tesoro de unos pocos, y solo unos pocos son el tesoro de Dios. (*99 Cuentos y Enseñanzas Sufíes*).

Bibliografía

99 Cuentos y Enseñanzas Sufíes. Manuel Fernández Muñoz. Ediciones Almuzara.

Contra perfidiam mahometi. Dionisio el Cartujano. Espacio y tiempo en la percepción de la Antigüedad Tardía. Conde Guerri, E./ R. González Fernández/ A. Egea. Editorial Universidad de Murcia.

El regreso de la Diosa. Manuel Fernández Muñoz. Editorial Almuzara.

Evangelio de Felipe. VV. TT.

Evangelio del Pseudo-Mateo. VV. TT.

Falsos profetas en el Antiguo Testamento. Prof. Antonio Moreno C.

La vida de Muhammad. Muhammad Ibn Ishaq. VV. TT.

Lo más granado de los jardines de los justos. An-Nawawi. Traducción de Zakariya Maza Al-Qurtubí. Cdad. Musulmana española de la mezquita del Temor de Allah. Año 2005.

Mahoma el profeta. Sirdar Ikbal Ali Shah. Editorial Sufi 1996.

Mi peregrinación a Medina y La Meca. Richard F. Burton. Traducción de Alberto Cardín. Laertes S.A. de ediciones. Marzo 2004.

Por qué no soy musulmán. Ibn Warraq. Ediciones Bronce 2003.

Sagrado Corán. Traducción de Abdel Ghani Melara.

Sahih Bujari y Muslim. Varias traducciones y recopilaciones.